Le droit de
la grappe
au Luxembourg

Le droit de la grappe au Luxembourg

Enrichi d'un choix de jurisprudences
européennes, françaises, allemandes et italiennes

Nico Schaeffer

Vademecum

promoculture
larcier

Pour toute information sur notre fonds et les nouveautés dans votre domaine c
spécialisation, consultez notre site web : www.promoculture-larcier.com

© DBIT s.a. département Promoculture-Larcier 2013
   Membre du Groupe Larcier
   7, rue des 3 Cantons
   L-8399 Windhof

Imprimé en Belgique

ISBN 978-2-87974-248-9
ISSN 2227-9660

Sommaire

En entrée : les méandres
de la grappe au vin et au verre

Des mets et des vins, des chefs de cuisine et des chefs de chais, on en discute, parle, radote, même on en jase. On les loue et les dénigre, à toute occasion mondaine, voire au bistrot et autour du zinc. Chaque gros plein de soupe veut briller, être le meilleur des connaisseurs, le critique suprême, reléguant aux oubliettes les Curnonsky et Courtine (La Reynière), Brillat-Savarin, Parker, Lichine, Sicheri, et même Charles Quittanson l'éminence grise des Appellations contrôlées.

L'épreuve organoleptique retourne à la rengaine des goûts et des couleurs. À chacun sa préférence ! En matières gastronomiques et œnologiques, chez les palais les plus cultivés même des consensus ne se rencontrent qu'à l'à-peu-près. Des labeurs, dévouements et concentrations sont certes présupposés, mais sans le don inné, sans le savoir par l'entraînement et sans un acquis en perfection, nul chef des mets ou des chais, nul sommelier ne saurait réussir.

Je ne prétends nullement être un élu au sein de ces heureux initiés. Quoique de souche mosellane, quoique j'aie pu collaborer avec mes grands parents, ma tante et mon oncle à des travaux au vignoble, je me suis résigné à cette tache plus commode de l'historique des méandres législatives sur la vigne et la culture du vin, avec une légère prétention de m'y connaître un peu mieux qu'avec la serpette à la main.

S'y connaître ne suffit plus ! Il me fallait recourir aux lumières de mon ancien avocat stagiaire Marc Mathekowitsch, promu Administrateur général au Ministère de l'agriculture, de la viticulture et du développement rural, ainsi qu'à mes amis mosellans Robert Ley, directeur de l'Institut viti-vinicole de Remich (successeur de Raymond Weydert, qui siège à la Chambre des députés pour le vigneron et maintes autres bonnes intentions), Marc Kuhn, contrôleur des vins, fraîchement en retraite, Änder Mehlen, son successeur, Jerry Scheuer, secrétaire à la Marque Nationale ainsi que leur jeune juriste Yves Kohn et le non moins vieux Roby Mannes, ingénieur.

Je me suis aussi permis de chercher support auprès des vigneronnes et vignerons, œnologues en plein exercice. Pour éviter une publicité indirecte, je préfère ne pas les nommer, sans pourtant ne pas leur exprimer ma reconnaissance.

Mes remerciements vont encore à l'adresse des jeunes avocats collaborateur Maître Steve Hoffmann de Oberdonven, celui qui jouit d'une vue directe sur les coteaux mosellans et Maîtres Marie-Eve Delpech, Joe Zeimetz et Stéphane Santer. Le tri de la jurisprudence allemande nous est parvenu de RA Lydorf de l'étude Gitzinger & Partner de Saarlouis. Elle est aussi lecteur pour Juris AG, la plus grande banque de données juridiques d'Allemagne.

Ce livre avait comme précurseur une invitation de Maître Jérôme Chevrier, notaire à Paris, soutenu par le très regretté Maître André Schwachtgen, notaire honoraire à Luxembourg, les deux de l'Institut des Recherches et d'Études Notariales Européen – IRENE, pour le colloque « Droit et Vin » organisé avec l'université Montesquieu de Bordeaux, en juin 2010.

J'ai eu des débats viti-vinicoles avec des connaisseurs chevronnés en cette discipline : Maître Eric Agostini, professeur à Montesquieu Bordeaux et avocat des grandes maisons viticoles, Maître Jean-Marc Bahans, greffier du tribunal de commerce de Bordeaux, où des plus importants litiges entre éleveurs et producteurs remplissent le rôle, le professeur Philippe Dupichot de Panthéon-Assas, Paris II et de Lyon, un penseur sur la législation future du statut des vignerons et le professeur Dénis Dubourdieu qui évolue du matin au soir dans l'Institut français de la vigne et du vin.

Le rapport luxembourgeois qui vous est présenté fut conçu à nouveau, avantageusement inspiré grâce aux fructueuses, ne dirait-on pas mieux juteuses discussions avec ces sommités.

J'ose espérer que vous, chers lecteurs, n'y trouverez aucun goût de liège, ni de bois, ni de tonneau.

Luxembourg, le 12 avril 2013.
Nico Schaeffer

Préface

*« Si le vin disparaissait de la production humaine, je crois
qu'il se ferait dans la santé et dans l'intelligence de notre planète
un vide, une absence encore plus affreuse que tous les excès
dont on le rend coupable. »*

Charles Baudelaire

Depuis le temps des Romains, l'exploitation de la vigne et du raisin est bien connue dans nos contrées. La tradition de la vinification est donc aussi au Luxembourg une tradition ancestrale. Mais ce n'est qu'à la fin du siècle dernier que ce domaine a connu bon nombre de changements. Ces progrès concernaient notamment les pratiques œnologiques, le combat contre le phylloxéra, le rendement viticole, le remembrement viticole et l'amélioration de la qualité.

Comme souvent, de telles évolutions nécessitent l'introduction de règles et la viticulture luxembourgeoise n'y a pas fait exception. Le dernier siècle était donc largement dominé par une certaine judiciarisation du secteur viticole européen et mondial.

Dans ce contexte le présent ouvrage amène son lecteur à voyager à travers la création de ce droit « viticole » au Luxembourg en débutant le parcours par le Zollverein et la loi du 24 juillet 1909 portant « sur le régime des vins et boissons similaires », passant par les réformes au niveau communautaire pour aboutir à la situation actuelle. À travers les différents chapitres, le lecteur se rendra vite compte de la complexité et des multiples facettes de ce « droit de la Grappe ».

La rédaction du présent ouvrage a nécessité de bonnes connaissances de cette discipline souvent méconnue et, sans aucun doute, de longues recherches, car la législation luxembourgeoise en matière viticole actuellement en vigueur contient certaines dispositions vieilles de plus de 100 ans.

Juriste de formation et ancien bâtonnier de l'Ordre des Avocats du Barreau de Luxembourg, membre fondateur et Grand-Maître honoraire de la Confrérie St Cunibert et connaisseur de vins, Maître Nico Schaeffer est de toute évidence la personne la mieux placée pour se prêter à un tel exercice.

Le fait de s'être consacré avec talent depuis des décennies comme « Ambassadeur » des vins luxembourgeois et d'être originaire d'une famille de Stadtbredimus lui a été fort utile pour réaliser cet ouvrage de qualité.

Je me permets aussi de relever que la présente publication est une première dans le monde juridique luxembourgeois. En ce sens, je tiens particulièrement à remercier Maître Nico Schaeffer pour sa brillante initiative et pour le courage qu'il a montré en s'adonnant à la rédaction de la présente œuvre.

J'encourage tout connaisseur du secteur viticole luxembourgeois, tout ami du bon vin luxembourgeois, intéressé par le droit, à passer quelques heures agréables de lecture dans ce livre particulièrement touffu d'informations intéressantes.

Romain Schneider
Ministre de l'Agriculture, de la Viticulture
et du Développement rural

Introduction

Au début du xxe siècle, la production de vin luxembourgeois était orientée davantage vers la quantité. Un rendement élevé était l'objectif principal et la majorité des vins luxembourgeois étaient exportés en Allemagne comme vins de base servant à l'élaboration de mousseux. Depuis la première guerre mondiale, une intense politique de qualité a progressivement anéanti la réputation de vins de masse et de moindre qualité qui régnait au Luxembourg.

Notre surface viticole est certes restreinte, car elle compte seulement 1 300 hectares de vignes. Il s'agit d'une petite région de par sa quantité, mais cependant d'une grande région du point de vue qualité. En effet, les terroirs de la région sont multiples du fait des différentes formations de roche et on retrouve cette multiplicité de façon passionnante dans les vins luxembourgeois.

En tant que petit acteur sur le marché mondial du vin, la région viticole luxembourgeoise n'a d'autre issue que de se profiler du côté de la qualité. Les grandes innovations techniques au cours des deux dernières décennies ainsi que des formations professionnelles de haut niveau ont permis aux domaines viticoles d'acquérir le know-how nécessaire. Qualité est synonyme de typicité, car cette typicité permet de caractériser et de promouvoir une région viticole toute entière.

Le consommateur d'aujourd'hui ne se contente plus avec le produit final, mais désire connaître son origine et ses procédés d'élaboration. Dans ce contexte apparaît l'importance du Terroir. Des vins fins et présentant une certaine complexité sont la condition sine qua non pour faire ressortir les notions d'origine et de typicité incorporées par le Terroir. La définition d'un terroir n'est pas si simple et les facteurs qui le déterminent sont nombreux. Parmi ces facteurs sont le type de sol, la topographie et le climat. Même si nos coteaux s'étirent seulement sur une distance de 42 kilomètres le long de la Moselle, des différences passionnantes apparaissent entre les vins.

La corrélation entre le rendement et le reflet du terroir a mis fin à la volonté d'obtenir de hauts rendements. En effet, le terroir est synonyme d'identité et confère une empreinte unique à une région viticole.

Les étapes récentes au niveau national, comme la délimitation des coteaux ou la nouvelle approche *AOP Moselle luxembourgeoise* ont constitué un pas important dans la caractérisation de notre terroir viticole.

L'unité par laquelle la région viticole luxembourgeoise se présente à l'extérieur constituera l'un des défis majeurs futurs. Cette unité est l'outil principal pour bien se profiler face à la concurrence décidément devenue mondiale. Le but sera d'accentuer la typicité de notre région viticole, mais tout en conservant la diversité. La notion d'unité n'est donc pas pour autant synonyme d'uniformité, car chaque vin est élaboré différemment et reflète le terroir de façon particulière.

C'est dans ce sens que le vignoble luxembourgeois devra s'orienter. La mise en évidence de la notion du terroir constitue un processus permanent. L'évolution qualitative de nos vins continuera à progresser par la mise en évidence de plus en plus expressive des caractéristiques naturelles de notre terroir. Le progrès scientifique nous permet de mieux comprendre cet aspect essentiel qui est le terroir et je suis persuadé que l'évolution qualitative de nos vins ira de pair avec la progression des sciences et sa mise en application dans la pratique, c'est-à-dire dans la culture de la vigne et dans l'élaboration de nos vins.

L'importance économique, nationale et culturelle du vin dans nos sociétés occidentales justifie que le droit s'y intéresse. Dans ce brillant ouvrage, Maître Nico Schaeffer, excellent connaisseur du monde viticole luxembourgeois, met en évidence l'historique et les objectifs du droit viticole ainsi que son impact sur le secteur viti-vinicole. Dès lors, on pourra facilement s'inspirer de ce fastidieux travail pour élaborer les textes légaux et réglementaires afin d'atteindre au mieux les objectifs fixés.

Robert Ley

Directeur de l'Institut Viti-Vinicole
à Remich

Chapitre 1

Des Romains au Zollverein, du champagne à Luxembourg-gare

L'avancée romaine jusqu'à Trèves et ses alentours mosellans traînait des ceps dans les bagages. Un lien plus direct ne nous parvint pourtant pas de la Sicile ou de l'Avellin, héritiers des cépages grecs, mais de Burdigala (Bordeaux), du fondateur légendaire du Château Ausone. Decimus Magnus Ausonius, grammairien, rhétoricien, avocat, était natif de Bordeaux (vers 310). À cette époque la ville de Trèves, à 35 kilomètres de Luxembourg, s'était muée en capitale de l'Empire Romain de l'Occident. Valentinien I, à peine accédé au trône impérial, nomma Ausone à sa Cour, comme précepteur de son fils, le futur empereur Gratien. Ausone y résida une vingtaine d'années, grimpant les échelons du gouvernement jusqu'au rang de ministre de la justice « Quaestor sacri palatii ».

Il nous gratifia du fameux poème Ausonii Mosella[1 et 2], un guide de randonnées le long du pays mosellan, qui engloberait de nos jours les régions de Trèves, Luxembourg, Sarrelouis, Thionville et Metz. La vigne n'y est pourtant citée qu'en marge d'une monumentale description de la rivière Moselle : « … où les vignes offrent cet autre spectacle pompeux suggérant la vue sur les dons de Bacchus, là où sur une longue traînée les crêtes de montagnes abruptes surplombent récifs et hauteurs ensoleillées, courbes et revers à travers les plantations de vignes dans cet Amphithéâtre de la nature ».

Féret[3] décrit que le Château Ausone en St. Emilion est un des plus anciens domaines viticoles. Selon la tradition les vignobles entouraient la villa que possédait le poète Lucaniac. D'où la désignation de Château. Ses vins sont dotés « Saint Emilion premier Grand Cru classé A ». Les terres sont merveilleusement exposées vers l'heure de midi, sur une crête entourée d'un mur rocheux avec d'anciennes carrières qui protègent contre les vents du Nord et réfléchissent la chaleur du soleil emmagasinée le jour.

La cave renfermerait des bouteilles centenaires qui n'auraient en rien abandonné leur fraîcheur.

Les propriétaires actuels sont la famille des Vauthiers et Dubois-Challon.

Messieurs Féret ne disent mot si Ausone lui-même se serait jamais occupé de ses raisins et barriques.

Ausone par contre se serait intéressé du sort des ceps importés par les centurions romains. Ce n'aurait été que normal. N'est-il pas étonnant que son grand œuvre poétique reste muet !

---

1 Ausone Paul Dräger Mosella, latin-allemand, Trèves, 2001.
2 Joseph Groben, Michael Weyand, éd. Trèves, Mosella, Une description de Bussang à Coblence.
3 Edouard et Claude Féret « Bordeaux et ses Vins » 2ᵉ tirage, p. 1212 et 1213. Éd. Féret Bordeaux.

Cette viticulture luxembourgeoise couvre actuellement 1 300 hectares le long de 42 kilomètres de la Moselle et de sa tributaire la Sûre, à partir du village de Schengen en aval jusqu'à Rosport, là où actuellement un deuxième vignoble vient d'être planté en Pinot noir.

Le nom de Schengen se lit dans tous les aéroports, souvent dans l'ignorance que c'est aussi un haut lieu viticole, fameux pour ses vins de la gamme des Pinot.

Le vignoble est orienté vers le levant du soleil, bien servi en rosées matinales pour enrober les baies des grappes naissantes, ne manquant pas de brouillard, mais, hélas aussi, de gelées tardives, de tempêtes et de grêlons.

Depuis l'Antiquité jusqu'après la première guerre mondiale ce fut un vignoble bien pauvre en rendement et en qualité, exploité par des vignerons loin de l'opulence, sauf quelques grandes familles qui elles-mêmes ne manipulèrent guère la houe et la serpette.

Le Luxembourg étant associé à l'union douanière allemande, le « Zollverein », jusqu'en 1918 les vins furent exportés en majorité dans les pays allemands pour y servir au coupage, principalement avec le « Sekt » mousseux. Des étendues non négligeables étaient aux mains de l'Évêque Prince Électeur de Trèves.

De par notre association privilégiée avec cette union douanière, un autre phénomène s'afficha. Il était dû aussi au fait géologique qu'une large étendue du vignoble est composée de calcaire conchylien – « Muschelkalk », qui avoisine en qualité le sol de la Champagne. Ainsi de grandes maisons ont établi des entreprises dépendantes au Luxembourg, dans les rues de Reims et d'Épernay. Elles fournissaient les vins de base et les coupaient sur place en cuvées avec des vins de chez nous. Le tout pour être exporté en Allemagne comme champagne, mais de provenance douanière de Luxembourg, aux taux de faveur.

On se raconte que les champenois auraient coupé leur produit d'origine de vins de base provenant de nos coteaux de calcaire conchylien, apparentés aux terres blanches de chez eux.

Des maisons alors en vogue en Allemagne, comme Kupferberg, importèrent largement, et en tonneaux, nos vins secs pour leurs coupages.

La Champagne ne tirait pas seulement avantage des droits de douane, mettant à son profit le village de Kopstal, qui entretenait plus de 200 ouvriers pour couper les saulaies et ouvrières pour tresser des paniers en osiers originaires du Weidendall. En exclusivité pour les grands producteurs de la Champagne ! D'anciennes photographies ornent p.ex. les locaux de Mercier à Épernay, comme une seule autre qui est exposée au Centre Mosellan et Musée du Vin à Ehnen.

La morale de ces deux considérations : Des deux côtés de nos frontières on avait déjà à cette époque besoin d'un plus petit que soi. Que l'on ne considère pas ceci comme une allusion aux banques françaises et allemandes établies dans ce même petit pays, depuis une bonne trentaine d'années.

Sans union douanière le Grand-Duché aurait eu des difficultés de survie.

La première guerre mondiale y mit fin.

Par malheur ces années furent en plus infectées par la plaie du Phylloxéra – « Reblaus », une première fois au début du siècle et d'une façon plus dévastatrice vers 1924-25. La viticulture était à bout de souffle. Il fallut la réorganiser des points de vue de sa structure, de la culture, de l'économie et de la distribution. Bien des petits vignerons durent fermer les chais, pour s'adonner à l'agriculture traditionnelle, ou même aller chercher un gagne-pain dans l'industrie sidérurgique.

Le 28 septembre 1919 le peuple se prononça dans un referendum avec 60 133 voix pour une union économique avec la France et 22 242 voix pour la Belgique. L'accord fut conclu avec la Belgique en 1922. Il a survécu jusqu'à nos jours. La France s'en était distancée, préférant sans doute une annexion ?

Après les élections de 1919 fut créé un ministère de la viticulture que dirigea, presque en permanence, le ministre Joseph Bech jusqu'en 1959, cumulant ce portefeuille avec celui de Premier Ministre respectivement de Ministre des Affaires Étrangères. Depuis lors ce ministère continue de subsister en autonomie, étant couplé quand même avec celui de l'agriculture.

Un fait marquant, l'amitié de Joseph Bech avec l'ingénieur Nicolas Kieffer, qui durant cette période est resté son conseiller-exécutant. C'est lui qui fut nommé premier directeur de la Station viticole établie à Remich en 1925. La rumeur n'est pas contredite que ce fut lui qui préparait les lois, au ministre Bech de les faire adopter par la Chambre des députés et audit directeur de les faire exécuter.

Revenons à la période suivant la première guerre mondiale, celle où la sortie du Zollverein allemand et le départ de chez nous des producteurs de champagne de la Champagne priva le vin luxembourgeois de presque toutes ses possibilités de servir au coupage.

Il ne nous restait que le choix, ou bien de produire à bas prix du vin « Ires des Dieux » (« Gotteszorn ») et vendre à qui il plaisait d'acheter, ou bien de moderniser la culture, créer des crus de qualité et espérer trouver le client payant bien. L'union douanière avec la Belgique présentait le client espéré, surtout comme ses gastronomes, et ce pays n'en manque pas, ont trouvé que les blancs secs se mariaient à merveille avec les moules, les frites et les poissons du littoral.

Chapitre 2

Le phylloxéra

Ce coléoptère croquait, bouffait, rongeait toute écorce de vigne qu'il pouvait rencontrer. Des surfaces entières en furent victimes. L'établissement de la Station viticole survint à point, alors qu'il fallut instruire, éduquer et motiver les disciples apprentis vignerons.

La grande découverte venait d'être faite, à savoir d'enter la vigne naissante (le greffon), à quelques centimètres en haut de la racine, d'un bout minuscule d'un cep de vigne de provenance étrangère, d'un bois bien plus acerbe et amer (le porte-greffe), puis de regreffer le cep d'origine. La bestiole dévastatrice, qui a l'habitude d'attaquer sa victime vinifère par le bas du sol, étonnamment délicate aux goûts, abandonna son ascension dès les premières morsures dans la sève du bois greffé et amer. Et le vignoble survécut !

Ce que d'aucuns ignorent : le stratagème fut appliqué au début au moyen de greffons importés de Hongrie, mais ils ne donnaient que des résultats moyennement satisfaisants. À la Californie de fournir l'ente salvatrice, plus amère, et donc plus rébarbative ! Réflexion amusante : Les vignobles du Palo Alto ou de la Nappa Valley furent plantés de Riparia, de Chablis et de Chardonnay de provenance française, souvent bourguignonne. Ils ont quitté la France en douceur et nous sont revenus en sauveurs avec des bois plus amers, favorisant l'extermination des bestioles.

La pratique est continue jusqu'à nos jours. Les œnologues sont unanimes, la vigne quelque soit sa variété, n'a pas changé son goût originel. Citons Féret dans « Bordeaux et ses Vins »[4] : « ... bien que certains botanistes aient prétendu que la qualité des vins ainsi obtenus serait inférieure à celle des vins produits par des cépages français, opinion dont le bien fondé n'a, heureusement, jamais pu être mis en évidences ».

En ces années le vignoble de l'Europe de l'Ouest, du Rhin jusqu'à la Provence, du Portugal jusqu'en Italie, en passant par l'Espagne et le Bordelais a vécu ce que jamais toutes les tempêtes, toutes les grêles n'auraient pu faire lui souffrir. Les petits vignerons à l'abandon ne surent résister à l'appétit des grands acheteurs à vil prix. Les plus petits se recyclèrent en plantant des patates ou des betteraves.

La nouvelle Station viticole de Remich remonta le moral des jeunes de la serpette. Mais ce ne fut pas suffisant pour un vignoble dans lequel, à part quelques grandes familles, la majorité devait se contenter de quelques ares restés en culture.

Notre viticulture n'est pourtant pas épargnée par d'autres maladies de la vigne et d'insectes maléfiques. Nommons le mildiou, l'oïdium, l'Esca causée par des champignons parasites et le ver de la grappe. Le cigarier n'a quand même pas entièrement disparu.

---

4   Féret, *op. cit.*, édition 1982, page 70.

Chapitre 3

La loi du 24 juillet 1909

En ces années où nous participions encore à l'union douanière allemande, la loi du 24 juillet 1909 « sur le régime des vins et boissons similaires » domine ce contexte historique. Elle ne manque pas de ressemblances avec les lois allemandes d'alors, mais est parsemée de références précises aux traditions françaises. À ne pas déconsidérer qu'en ces temps la production de vins rouges St Laurent et Meunier fut encore appréciable. Ce qui en advint par après, renseignez-vous auprès du Phylloxéra ! Le St Laurent et le Pinot noir ce dernier vinifié en rosé ou en noir, revivent actuellement un regain de faveur.

En 1909 le vin est défini, de même que de l'autre côté de la Moselle, comme étant « la boisson obtenue par la fermentation alcoolique du jus de raisins frais ». Le coupage est permis, sauf pour les vins de dessert appelés « vins du midi » ou « vins doux », qui ne peuvent être employés au coupage de vin blanc d'autres espèces. Voyez l'influence française !

La définition du sucrage par chaptalisation se limitait aux vins de raisins indigènes, où « il est permis d'ajouter au jus non fermenté ou aux vins qui en proviennent, et, dans le cas de la préparation de vin rouge, également au moût complet, une quantité limitée de sucre, dissous ou en eau pure, à l'effet de suppléer à un manque naturel de sucre ou d'alcool, ou de remédier à un excès d'acides, dans la mesure obtenue par la constitution du produit obtenu dans les bonnes années ». Tout sucrage, dont la pratique était limitée depuis les vendanges jusqu'au 31 décembre, devait être déclaré à l'autorité compétente.

L'intention de sucrer du moût complet, du jus de raisins ou du vin était à déclarer. Un avertissement de ne pas suivre les pratiques allemandes par l'adjonction au vin du moût non fermenté un « unvergorener Traubenmost ».

La mise en vente de vins sucrés doux sous une désignation qui vise à sa pureté ou à l'application de soins particuliers pendant la vendange, était interdite.

Un passage de la loi revêt une importance capitale. Il perdure et s'oppose à la pratique française de la qualification des crus en fonction du lieudit de leur croissance : « ... les désignations géographiques ne pourront être employées que pour caractériser la provenance ».

Cette loi de 1909 est déjà prémonitoire des règlements CE, CEE et Ue en ce qu'elle admet des « coupages avec des produits d'origine différente ». Ceci fut réintroduit dans notre Europe, qui admet des coupages avec d'autres vins communautaires. Était-ce déjà une ouverture aux stratégies des Rémois et Sparnaciens pour venir marchander leurs champagnes français, chez nous, aux taux du Zollverein allemand ?

Cette loi portait pourtant l'interdiction d'indiquer uniquement que le vin émanait d'un propriétaire récoltant spécifique sans mentionner les cépages. Cette pratique des vins uniques (issus de cépages unifiés) « Einheitsweine » est donc abandonnée !

Le monde du vingt-et-unième siècle n'enseigne pas que des nouveautés ! Rappelez-vous cette idée saugrenue de fabriquer du vin rosé par le mélange du rouge et du blanc, faisant fi de la véritable vinification des rosés de tradition. La loi de 1909 : « Le mélange de vin blanc et de vin rouge ne peut, dans un but de lucre, être mis en circulation comme vin rosé, que sous une dénomination caractérisant le mélange ».

À propos des vins pétillants, la loi s'en tient à l'expression vins mousseux, se gardant de citer le « champagne » quoique, jusqu'en 1918, on eût pu le faire.

Des références aux cognacs d'origine luxembourgeoise ne manquent pas. Mais elles devaient aussi disparaître une dizaine d'années plus tard par la force des traités de Versailles et des traités annexes. Pourtant en 1909 : « L'eau-de-vie de consommation dont la teneur en alcool ne provient pas exclusivement du vin, ne doit pas, dans les relations d'affaires, être désignée comme cognac ». Et dans les relations non affairistes, le pouvait-on ? Étant donné la mentalité de mes concitoyens, je dirais que oui !

Le vin mousseux a droit à des restrictions spéciales, avec une vue sur la Champagne à peine cachée, mais pas avouée. Il « doit porter une désignation qui fasse connaître le pays où il a été tiré en bouteilles ». Si sa « teneur en acide carbonique provient partiellement ou totalement d'acide carbonique préparé d'avance, cette désignation devra faire connaître le mode de fabrication ». Ce ne fut pas uniquement une protection pour les pays de la Marne et de l'Aude, une incitation aux producteurs indigènes d'en faire autant ! Que les bonbonnes carbonifères fêtassent les noces ailleurs !

La loi de 1909 était l'œuvre du Ministre d'État Paul Eyschen, reconnu pour avoir été le premier homme politique à s'occuper intensivement de la viticulture du pays. Il trône encore au Primerberg entre Stadtbredimus et Ehnen sur le monument qui lui est dédié.

La loi de 1909 resta presque intacte jusqu'à l'arrêté grand-ducal du 29 décembre 1960. Exception faite pour celui du 5 mai 1937 qui introduisit une protection de l'appellation d'origine « Cognac ». En 1935 la France venait de légiférer en profondeur sur les appellations contrôlées. On y lit : « Les appellations contrôlées "Cognac", "Eau-de-vie des Charentes", "Fine Champagne", "Armagnac", ainsi que les sous-appellations de la région délimitée de Cognac et Armagnac, sont réservées aux eaux-de-vie d'origine française, auxquelles la législation française reconnaît le droit à ces appellations ».

À première vue j'étais tenté de m'étonner de la raison qui aurait pu amener le Grand-Duché de faire une fleur au Gouvernement français, comme aucun fait politique, aucun traité ne l'y obligeait. Recherches faites une mesure purement française, le décret-loi du 30 juillet 1935 livre l'explication. Par ce texte fut créé le comité national des appellations d'origine des vins et eaux-de-vie, désignation changée en « Institut » par un décret du 16 juillet 1947 et devenu depuis lors l'I.N.A.O. L'article 19 de ce décret lui accorde le droit d'ester en justice et il a été précisé que l'exercice de ce droit peut même se faire à l'étranger. Une action au tribunal à Luxembourg litigante pour l'utilisation des mots cognac ou armagnac de Luxembourg, l'enjeu ne valait pas la chandelle, une production chétive.

N'oublions pas que le Luxembourg a assisté officiellement à certaines conférences annexes un Traité de Versailles pour envisager des adhésions. En ces temps le pays sentait la force qui escaladait à l'est et la protection qu'il espérait du sud.

Le 29 décembre 1960 plusieurs dispositions datant de 1909 et de 1937 furent profondément modifiées.

Les boissons exclues de la circulation en 1909 ne pourront désormais plus être employées pour la fabrication de boissons contenant du vin et de vins mousseux.

Chapitre 4

Contrôles

Le xxe siècle nous donna, le 24 juillet 1909, la loi sur le régime des « vins et boissons similaires », qui, quelques fois modifiée, perdura jusqu'en 1960. Des modifications profondes s'imposaient par l'écoulement des années et l'entrée dans le Marché commun.

En conséquence de cette loi fondamentale de 1909 un arrêté grand-ducal introduisit le 14 novembre 1909 « l'organisation du contrôle des vins » avec la nomination d'un seul contrôleur des vins, une personne totalement autonome, placée sous l'autorité immédiate du ministère de la viticulture. Il avait son siège dans la Ville de Grevenmacher, qui est avec la Ville de Remich, l'autre haute localité de l'aire viticole. La nomination d'un second contrôleur était prévue, mais elle ne l'a jamais été faite. Ce professionnel fait maintenant partie de l'Institut viti-vinicole.

Laissez-nous entrer dans le détail des textes pour dépeindre le peu de moyens d'un petit pays dont la viticulture était alors largement dominée par l'emprise de l'Allemagne, l'Alsace encore comprise, à des fins de coupage avec ses vins moins acidulés et les effervescents.

La mission du contrôleur est décrite comme suit : « La révision des locaux, livres etc. et la dégustation des liquides se fera autant que possible contradictoirement avec le propriétaire ». Il procédera au moins trente fois par an à des prélèvements d'échantillons auprès de chaque récoltant ou producteur. « Ces échantillons devront être placés dans une bouteille neuve, en verre blanc, de un litre de capacité, convenablement rincée avec le liquide lui-même dont l'échantillon sera prélevé. La bouteille sera bouchée soigneusement au moyen d'un bouchon neuf et scellée du sceau de service, de manière qu'il soit impossible de l'ouvrir sans briser ou endommager le scellé ». Les échantillons prélevés seront au nombre de trois, un pour le propriétaire comme témoin d'une contre-expertise, un pour l'expert-chimiste et le troisième pour le greffe du tribunal de d'arrondissement de Luxembourg. Le propriétaire aura droit à une indemnité, étant toutefois légiféré que ce dernier pourrait la refuser. L'expert-chimiste exécutera son analyse « d'après les méthodes de "l'Office impérial d'hygiène de Berlin" – "Kaiserliches Gesundheitsamt in Berlin" ».

Par la création subséquente de la Station viticole de l'État le contrôleur dut transférer son siège à Remich.

Les prérogatives du contrôleur sont dédoublées de celles d'un officier de police judiciaire, chef de la répression des fraudes. Il a été intégré dans l'organigramme de l'Institut viti-vinicole.

Qu'il nous soit permis de sauter les règlements intermédiaires, comme les deux du mois de mai 1937, pour nous arrêter à ce qui reste actuellement en vigueur.

Le 10 janvier 1947 déjà chaque envoi de vin, de mousseux et de jus de raisins à destination de l'étranger, et dépassant 20 litres, est sujet à un certificat de contrôle de l'Institut.

Le 14 juillet 1971 fut une journée propice pour la législation viti-vinicole luxembourgeoise. Un règlement, commenté plus amplement ailleurs dans cet exposé, établissait les dispositions particulières concernant les v.q.p.r.d. (vins de qualité produits dans une région déterminée) par transposition de la directive 817/70. Un règlement du même jour traitait du contrôle des vins, des moûts et des boissons similaires. Il s'agit d'un relevé chimique de ce qui est permis ou défendu, dont j'épargne la lecture aux non-spécialistes. Il est suivi d'un règlement encore plus technique à propos des méthodes d'analyse applicables au vin.

Depuis ce même jour l'Institut viti-vinicole (à l'époque encore appelé Station viticole) est chargé du contrôle des opérations d'enrichissement, de désacidification et de l'édulcoration prescrites par la CEE. L'Institut est en conséquence chargé du contrôle : (i) des registres y afférents ainsi que (ii) de tous les vins de table et de la protection des v.q.p.r.d. commercialisés sur le territoire du Grand-Duché, comprenant donc les productions locales ainsi que toutes les importations.

Le 27 avril 2010 un règlement grand-ducal apporta des modifications à un autre texte du 14 juillet 1971 relatif à la détermination de la valeur de rendement d'un domaine agricole. Ici la viticulture n'est qu'indirectement touchée.

Chapitre 5

La station viticole

Une véritable révolution, en pleine crise du Phylloxéra, fut la création, de la Station Viticole, – communément appelée l'école de la vigne – « Rebschule ». Ses ambitions allaient vite au-delà d'une éducation systématique des jeunes vignerons au maniement des plants, greffons, vignobles et vinifications.

La loi du 23 juillet 1925 définissait cette Station, pour être « appelée à s'occuper de toutes les questions intéressant le domaine de la viticulture », étant composée d'un directeur (qui fut Nicolas Kieffer, déjà mentionné) et de deux chefs-ouvriers. « Quelques pépinières de plants déjà existantes furent rattachées à la Station. La fixation du prix de leur vente aux vignerons resta réservée à la discrétion du gouvernement ».

Pour l'amusement, on y constate la haute mission de portée nationale « … d'assurer l'exploitation des vignobles de démonstration appartenant à l'État ». Il est vrai, ces crus sont devenus tous d'une excellente qualité, faisant notre fierté à tous. En sont légitimement ravis les ministres, secrétaires d'État, conseillers du gouvernement (sans les adjoints), chefs des organes étatiques et autres hauts fonctionnaires : ils jouissaient d'un pactole en liquide aux fins d'assouvir leurs besoins privés de représentation.

La viticulture de la Moselle a tant de choses en commun avec celle de l'Alsace, et par extension avec celle du haut Rhin allemand. Les cépages sont, à peu d'exceptions près, les mêmes. Pourtant, les vins des cépages Pinot et Chardonnay sont d'origine bourguignonne, convoités par l'Alsace et conquis par le Bade-Wurtemberg. Ceci grâce au maître des chais du Kaiserstuhl le Dr. Ruland, complice du passage paisible du Rhin par le Pinot gris. D'où ce cru reçut en Allemagne le nom de Ruländer. Les Alsaciens croyaient bien faire de baptiser le leur Tokay. Jusqu'il y a plusieurs années, quand les viticulteurs hongrois, encore sous la férule soviétique, contestèrent ce nom comme étant exclusivement celui d'un cru hongrois. Nous apprendrons plus loin que les prétentions hongroises furent légitimées par la Cour de Justice de l'Ue quand leur pays se trouvait dans la phase de l'adhésion.

Nos amis les Alsaciens durent retourner à la dénomination de Pinot gris. Ils avaient peut-être oublié de rappeler aux Magyars que les premiers ceps du Furmint, leurs ancêtres les avaient volés lors de leurs invasions en Belgique, précisément le long du vignoble de la Meuse à Ans aux environs de Liège, au IXe siècle. Il n'y a plus de vignobles, le climat a rétréci les vignes de la Meuse à quelques lopins nostalgiques. Le Furmint s'est établi depuis 895 autour du château de Tokay. D'aucuns prétendent que des Italiens auraient implanté le Furmint en Hongrie.

Nous avons ceci de commun avec la viticulture alsacienne, qu'on chérit également des cépages communs, qui ne sont pas de Bourgogne :

les Riesling, Sylvaner, Auxerrois (peu fréquents en Alsace, disparus en Bourgogne), Muscat Ottonel, Traminer, Gewürztraminer. Ce sont des vins ayant des « cousins » notamment en Allemagne, en Italie du Nord et en Autriche.

Notre viticulture entra nécessairement en relation avec l'école de Colmar et la « Rebschule » de Geisenheim, se trouvant en face côté allemand du Rhin. Le vigneron de notre Moselle étant au moins bilingue, les allées et venues tantôt d'un côté du Rhin et tantôt de l'autre lui étant aisées, notre viticulture resta attachée aux enseignements techniques prodigués le long des deux rives.

Toutefois, après Compiègne et Versailles, la nouvelle Station viticole prit l'habitude d'envoyer plutôt ses disciples en stage à Colmar. Les savoirs du métier, c'est là que nos ancêtres les ont appris. Les manipulations essentielles, ils les ont pratiquées dans ces coteaux vinifiés d'audessous des Vosges.

Chapitre 6

L'Institut viti-vinicole (IVV)

Depuis 1925 la Station vécut son essor, subissant plusieurs réorganisations, les dernières le 29 août 1976 et le 12 août 2003, et se mua en Institut viti-vinicole.

Son objet s'est élargi pour s'occuper à peu près de toutes les questions intéressant la viticulture et l'œnologie, y compris la participation dans les instances communautaires, ainsi que toutes autres missions fondamentales ou de représentation que le ministre lui confiera.

L'Institut s'est vu confier « la lutte rationnelle contre les ennemis de la vigne du règne animal et végétal » ainsi que la surveillance et le contrôle de l'application de la loi. Y fut compris la gestion d'un laboratoire d'analyses et de contrôles des vins ou produits similaires, donc un des lieux de la détection des fraudes.

L'organisation, la garantie et le contrôle du fonctionnement et de la gestion des Marques Nationales des vins, vins mousseux et crémants de Luxembourg, donc pratiquement tout ce qui, au niveau tant national qu'européen, est affaire des appellations d'origine contrôlées est passé sous la surveillance de l'Institut. S'y ajoutent toutes les importations de crus et breuvages non-communautaires. L'IVV est destinataire des règlements européens et contrôle leur application, allant en résumé, des pratiques de plantations ou de surgreffages, des arrachages, des rendements par hectare jusqu'aux pratiques œnologiques et aux mises en vente.

Nous avions constaté que la chétive Station viticole avait commencé avec trois personnes et quelques ouvriers. Le nouvel Institut s'est développé en une véritable administration centrale avec un directeur, un contrôleur des vins, des ingénieurs, assistants techniques viticoles, inspecteurs, commis techniques ou administratifs, ouvriers-chef, ouvriers et concierge. Les conseillers spéciaux et les chargés de cours ne sont pas compris dans cette énumération, ni les observateurs locaux.

Ces observateurs locaux ont été institués par un arrêté du 31 mars 1937, qui reconnaît la nécessité que « l'apparition de toute maladie dans la vigne tant du règne animal que végétal soit signalée immédiatement par les soins d'observateurs locaux, à la direction de la station viticole ».

Une des conséquences de l'arrêté du 14 novembre 1909 est que chaque récoltant ou négociant est tenu de tenir un livre des caves. En vertu du règlement du 22 septembre 1978 toutes personnes ou tous groupements, à l'exception des détaillants, qui détiennent des produits vineux, sont obligés de tenir des registres additionnels, à savoir :

– des entrées et sorties ;
– de l'identification du vin ;
– des embouteillages.

La question s'est posée du genre de ces registres. On se trouve dans une époque où, de gauche ou de droite, de haut ou d'en bas, de la Commission de Bruxelles, de l'OCDE, des autorités nationales, des groupements des producteurs les préceptes pour les soins comptables et fiscaux fusent à une allure vertigineuse. Les personnes employées dans la viticulture et sa distribution sont d'honnêtes producteurs ou négociants non imprégnés de la multitude de nouveautés comptables.

Dans un souci de ne pas leur imposer des normes qui se multiplient, l'Institut peut autoriser que ces registres soient tenus seulement en des « éléments appropriés à une comptabilité moderne ».

Chapitre 7

Les caves coopératives

Les années vingt virent les retrouvailles des vignerons au sein de caves coopératives. Elles adoptèrent le régime sociétaire spécial des associations agricoles, avec une personnalité morale propre à elles.

Peu à peu il en naquit six (Caves du Sud, Caves Coopératives de Wellenstein, Stadtbredimus, Greiveldange, Wormeldange et Grevenmacher), associant la presque totalité des vignerons qui avaient des problèmes pour cultiver, exploiter, vinifier et distribuer leurs produits. La demande était tarie, et pour les coupages en Allemagne, et pour les cuvées champenoises. Nos quelques centaines d'hectares devaient vivre en autonomie, avec pourtant un nouveau débouché vers la Belgique, le nouveau partenaire douanier.

Un racontar qui jouit de la réputation d'être vrai. Au Luxembourg, comme dans presque toutes les régions viticoles, subsistait la tradition de fouler le raisin fraîchement vendangé avec les pieds déchaussés.

Notre vignoble fait croître plusieurs cépages. De même produit-il, parmi ces différentes catégories, des vins qui varient en titrage et en acidité. Du temps où chaque vigneron travaillait ses propres récoltes, pas de problème pour les fouler au pied. Le récoltant avait tout intérêt à ne pas mélanger les raisins de ses différents cépages, ni à ajouter ceux de piètre qualité aux meilleures provenances.

À l'avènement des caves coopératives, qui concentrèrent les arrivages à la cave commune, des récoltants moins respectueux du règlement, auraient pu en tirer profit pour faire fouler à pieds nus des récoltes de moindres qualités parmi des raisins à plus haute vocation. Pour contrecarrer une telle tricherie les coopératives édictèrent que toutes grappes livrées à la cave centrale commune ne pouvaient l'être qu'en leur état d'origine, fraîchement délivrées du plant par la serpette ou le sécateur. Sans écrasement !

Les coopératives viticoles ne sont pas à confondre avec les sociétés coopératives du droit commercial commun. Elles sont des associations agricoles à destination viticole, qui pouvaient se constituer avec cinq membres au moins, et ne pouvaient comprendre qu'une minorité de non-viticulteurs.

Elles étaient soumises aux règles des lois successives des 27 mars 1900, 6 août 1921, 17 septembre 1945 et 25 août 1986.

Quant à l'objet :

- l'achat en commun de tous les objets destinés à l'exploitation ;
- l'acquisition de machines ou outils en vue d'une utilisation en commun ;
- la vente en commun de tous les produits ;
- l'exploitation en commun des terrains et l'organisation de toute entraide.

Quant à la forme et au contenu :

L'association peut se constituer par acte notarié ou sous seing privé.

La personnalité juridique est acquise dès sa publication au Journal Officiel, le « Mémorial ».

Les statuts désignent le siège, les membres et la composition du fonds social ainsi que les contributions de la part des adhérents.

Les parts sont incessibles.

Les noms et professions des membres du comité, des personnes ayant la signature sociale et de celles qui composaient le conseil de surveillance sont à déposer au secrétariat de la commune.

Ces six coopératives, en elles mêmes bénéfiques parce qu'indispensables, survivaient des fois avec l'aide de subsides étatiques. Les ventes devaient souvent se faire aux cafetiers-restaurateurs, aux épiceries et aux particuliers. Leurs représentants commissionnés rivalisèrent, voire se bagarrèrent entre-eux. En plus se heurtèrent-ils à des négociants d'autres tailles et aux importations étrangères, croissantes au fur et à mesure des immigrations.

Dans l'immédiat après-guerre les Italiens vinrent parfaire les rangs des ouvriers de la sidérurgie et du bâtiment. Leurs papilles ne surent se défaire du goût des rouges de chez eux. Ce ne furent pas des AOC – DOC classés. L'invasion des vins de qualité débuta bien plus tard avec l'entrée des fonctionnaires européens et des dirigeants de banques italiennes.

Nos coopératives traditionnelles ne surent tenir ni les pressions du marché internationalisé, ni l'emprise des super- et hypermarchés.

Les immigrations s'accompagnaient également d'une multiplication de rosés de toutes régions, au point que nos vignerons se mirent à produire du Pinot noir vinifié en rosé. Il y a des années ce fut encore une boisson rare. Aujourd'hui elle est plus adaptée à notre palais qu'un hybride importé.

Les années 1965/66 virent la naissance de Vinsmoselle, une société coopérative unique constituée sous le droit commun des sociétés commerciales. Elle mit pourtant bien des années pour fusionner toutes les six caves locales sous un même chapeau. S'en était fini, à peu près, des jalousies villageoises. Vinsmoselle domine même les grands récoltants-négociants privés. Au point de vue quantité surtout, et avec des vins et crémants qui peuvent aisément rivaliser avec les crus des vignerons indépendants.

Vinsmoselle est parvenue à contrôler plus de 60 % de la production totale du vignoble et réunir près des 3/4 de la population vigneronne.

Chapitre 8

Rendement des vignobles

Mon exposé se concentre sur la loi du 21 janvier 1993, suivie du règlement du 15 septembre 1993, ainsi que sur celle du 11 septembre 1997, celle-ci de nouveau suivie d'un règlement d'exécution.

Le 21 janvier 1993 (avec modification du 11 septembre 1997) le rendement maximum par vignoble est introduit, et le 15 septembre de la même année un règlement grand-ducal en détermine les modalités d'exécution. Nous sommes en des discussions communautaires tendant à la limitation des productions annuelles, imposant des stockages facultatifs, distillations obligatoires ou dénaturations du produit du raisin.

La Commission de la CEE, ayant établi le casier viticole, prend le chemin de la subsidiation des vignerons disposés à arracher leurs plants. Et en 2011 la commission prêche la libéralisation des plantations. Si des fois on peut trouver une logique dans les raisonnements des instances, sauf si elles ont dû considérer l'adhésion de multihectares de vignes de l'est européen.

Ce rendement maximum est fixé à l'hectare en production. Il constitue le rendement de base exprimé en quantités de raisins, de moûts ou de vin. On calcule pour chaque unité d'exploitation la quantité maximum de vin qui peut être produite pour une vendange déterminée. L'ancienne condition que la commercialisation ne pouvait se faire que sous la dénomination « Marque Nationale – Appellation Contrôlée », sans autre limitation, a été abrogée en 1997.

Le rendement de base est de 140 hl de vignoble pour les Elbling et Rivaner (Muller Thurgau), et de 120 hl pour les autres variétés. Un vignoble au sens de cette loi est une surface de production inscrite au casier viticole et plantée depuis au moins deux années, comme défini par la CEE.

Par entreprise viticole on entend « toute exploitation constituant une unité technico-économique gérée directement » par une association agricole, une société coopérative, une association de producteurs ayant une forme juridique, mais aussi par des partenaires que se sont engagés à collaborer pour au moins une année par une simple convention sous seing privé.

La modification de 1997 introduisit en premier lieu la transformation des surproductions en alcool, préalablement au stockage à des fins de compensation avec une récolte subséquente inférieure en rendement. Il y est en plus prévu que la surproduction peut aussi être utilisée « pour une autre production viticole dont la désignation ne porte aucune référence à l'origine du produit ou pour la production de jus de raisins ». Par défaut d'avoir trouvé un succédané avouable, resteront la vinaigrerie ou la distillation en perte sèche, si cet adjectif peut avoir droit au chapitre pour ce qui a été du vin ?

Chapitre 9

Institutions d'initiatives publiques

1. LE FONDS DE SOLIDARITÉ VITICOLE

Il est issu de la loi du 23 avril 1965, légèrement modifiée par celle du 23 décembre 1978, surtout une volonté de respect des velléités de Bruxelles. Le règlement grand-ducal du 24 janvier 1979 est partiellement modifié par celui du 8 décembre 2010.

« Le Fonds est appelé à contribuer à l'amélioration et à l'orientation de la production viticole du pays et à l'assainissement du marché du vin et à venir en aide aux exploitants viticoles sinistrés ».

Respectueux des règlements d'une CEE naissante, le Fonds peut intervenir par primes, subventions et participations aux charges des intérêts. La subvention aux intérêts relève d'une politique traditionnelle du Luxembourg dans quasiment tous les domaines de l'industrie, de l'artisanat, du commerce en général et de l'agriculture. Cette subsidiation, pour le vigneron spécialement, était déjà un peu tardive.

Les situations géographiques de nos quelques hectares voués à la viticulture sont pourtant bien diversifiées. Les tempêtes, grêles et gelées tardives s'abattent bien plus régulièrement sur la partie viticole du Nord, ciblant bien plus rarement la partie du Sud, dite de la Cour de Remich. Les vicissitudes climatiques étaient effectivement telles que les récoltants à quelques dix kilomètres plus au Nord ne pouvaient retenir un brin de satisfaction quand les impondérables de la nature s'étaient portés sur l'autre région. Ceci présageait une meilleure possibilité de vente des récoltes du Nord mosellan. Depuis la réunion des caves coopératives en Vinsmoselle ce genre de rivalités s'est estompé.

Avant la création du Fonds les vignerons n'avaient souvent d'autre solution que la couverture par un contrat d'assurance privé. Les plus fortunés, les éleveurs et négociants des meilleurs crus pouvaient se le permettre. Ce ne fut qu'avec les caves coopératives que des assurances à caractère collectif purent être envisagées en faveur des adhérents.

Le Fonds viticole à lui seul ne constituait pas un remède universel, mais un support bien utile.

Ses objectifs se résument :

a) l'amélioration de la production, dont
   - la reconstitution des vignes à l'aide de cépages autorisés, en clair l'éradication des hybrides et des indéfinissables ;
   - l'aménagement des vignobles, déjà lancé par les efforts du remembrement ;
   - l'équipement rationnel des installations de vinification et de conservation du vin (disposition abrogée) ;

b) la protection contre la grêle et les organismes nuisibles (disposition modifiée) ;

c) la lutte contre les gelées tardives, où le mot « lutte » est parfaitement adéquat ;

d) l'assainissement du marché du vin par le warrantage des récoltes (le warrantage a presque disparu), la constitution de stocks régulateurs, la résorption d'excédents de vin, l'utilisation du raisin à d'autres fins que la vinification et la propagande collective en faveur de la consommation du vin (disposition abrogée remplacée par des subsides de l'État) ;

e) l'aide aux exploitants victimes de sinistres de la nature, non assurables, à l'exception des maladies cryptogamiques, des insectes ou des viroses ;

f) de façon générale, toutes mesures susceptibles de contribuer au progrès économique dans le domaine viti-vinicole (disposition nouvelle).

Le Fonds n'était pas partout le bienvenu, comme il recevait une part de son financement de la poche du vigneron soit par une contribution obligatoire calculée sur le prorata de la superficie exploitée ou de la recette brute sur la commercialisation, soit par un cumul des deux.

S'y ajoutent des subventions et donations de tiers. Les dons ou legs peuvent être de tout genre. Si le Fonds s'en est enrichi ? Le doute est permis.

Selon les nécessités les moyens publics peuvent atteindre le double des encaissements. La clause « sauf en cas de circonstances imprévues et exceptionnelles » n'a pas été oubliée.

Les contributions des participants vignerons sont plafonnées à une valeur indexée.

Une diminution du taux est accordée en faveur (i) des vignerons qui résident à l'étranger et qui exploitent sur le territoire luxembourgeois sans écouler leurs vins sur le marché indigène, et (ii) de ceux qui résident dans le pays et exploitent à l'étranger, mais font écouler les produits sur le marché indigène.

À la suite de successions, de mariages ou d'achats des vignobles encore reconnus luxembourgeois se trouvent en France, à Contz-les-Bains de l'autre côté du village de Schengen, d'autres sont situés en pays de Sarre vis-à-vis de Schengen ou en Rhénanie-Palatinat de l'autre côté de Moersdorf sur la Sûre.

Le Fonds est doté de la personnalité civile, assimilé à un établissement public, ainsi que de l'autonomie financière. Celle-ci est gratifiée d'une pleine franchise fiscale. Et, aucune saisie ne peut être pratiquée à charge du Fonds !

Depuis le 8 novembre 2010 la direction du Fonds est confiée à un comité-directeur composé de 8 personnes déléguées des diverses professions du domaine viti-vinicole, y compris celle du négoce des vins, liqueurs et spiritueux. La composition est parfaite par deux fonctionnaires qui représentent les instances publiques. Ils sont élus pour 6 ans. Ses décisions sont valablement prises si la majorité des membres est présente.

Les Fonds lui-même est valablement constitué tant que son comité-directeur réunit au moins 6 des 8 membres. Ce règlement substitue la représentation les délégués des caves coopératives par des délégués de Vinsmoselle.

Les aides en faveur des exploitants, en cas de sinistres causés par la nature, ne sont accordées que pour autant que la récolte est inférieure à 50 litres de moût naturel par hectare. Ces personnes sont dispensées des redevances obligatoires au Fonds pour l'année du sinistre.

Sont exclus des bienfaits du Fonds les vignes non autorisées, celles qui exploitent des cépages proscrits, les faux déclarants et les vignes à l'étranger quand elles ont été implantées après la publication de la loi ayant institué le Fonds. Disons-le tout de suite. Ces productions transfrontalières ont perdu les faveurs par des règlements européens plus récents.

2. LEADER

2.1 *La fédération des vignerons*

La Fédération des associations viticoles du Grand-Duché de Luxembourg s'est constituée en 1911, sous le règne d'une charmante Grande-Duchesse Marie-Adelaïde, infortunée, mais non pas à cause des vignerons. Nous écrivons deux ans après la loi de base sur la viticulture de 1909, dans un climat de *Zollverein* encore paisible pour nous, avant la loi sur les sociétés commerciales de 1915, la constitution de la station viticole dite « Riefschoul », en 1925 et la naissance des premières associations agricoles coopératives – initiatives qui à l'époque ne s'amalgamaient que dans certains esprits.

Cette association (et, en langage courant, inébranlablement « Wënzerverband ») fut fondée pour offrir des services d'entre aide, avec initiation aux habitudes de la profession avec formation continue, surtout par des démonstrations au parc des instruments et appareils ainsi que des procédés techniques, qui, à l'époque, se multipliaient assez rapidement.

Le Wënzerverband acquit lui-même des vignobles d'essai et fut, sous le regret général, le dernier producteur à organiser des ventes de vins à l'encan, depuis que le domaine Constant Knepper s'était arrêté. La loi qui réglementait ces enchères a survécu la pratique. Un grand dommage, puisque la vente au plus offrant représentait une approche au vrai prix des meilleurs crus du vignoble mosellan. Comme, toutes proportions gardées, c'est le résultat des enchères de l'Hospice de Beaune pour le Bourgogne, à chacune de ses campagnes.

Actuellement la fédération joint dix-huit organisations membres actives dans le secteur agraire ou viticole, dont les coopératives vinicoles, l'hélicoptère aspergeant les vignobles organisés en coopérative (pratique en partie en chômage), ainsi que des institutions de crédit agricoles.

Au cours de son histoire, l'objet social fut maintes fois modifié dans le sens de l'extension, alors que, devant un monde vigneron en changement permanent, il fallut adapter ses activités. L'extension de Leader en Moselle intervint à un moment propice.

2.2 *LEADER, glanant dans l'historique*

Cette fois-ci la viticulture luxembourgeoise resta au loin de l'initiative, elle n'y entra vraiment qu'au troisième essai dans l'effort communautaire Liaison entre actions de développement de l'économie rurale. D'où un esprit éveillé a tiré le mot code de LEADER, compréhensible dans la plupart des langues de la communauté et accessible par toutes les régions.

LEADER trouve son origine dans une directive de l'Ue N° 1260 / 1999, du 21 juin 1999 et constitue primordialement la base des conditions générales de divers fonds structurels, de fonds pour renforcer la cohésion économique et sociale en corrigeant les déséquilibres régionaux (Fonds européen de développement régional – FEDER), dans le domaine de l'emploi (Fonds social européen – FSE), dans l'orientation agricole et la prestation de garanties (Fonds européen d'orientation et de garantie agricole – FEOGA) et enfin pour l'équipement de la pêche, un instrument financier d'orientation (IFOP). Le FEOGA préexistant assumait la parenté de ces autres institutions.

Du fonds dédié à l'économie rurale l'émission de garanties et des crédits d'intervention sont devenus possibles, grâce à des programmes spéciaux issus d'initiatives communautaires, dont le Leader luxembourgeois !

D'un LEADER peuvent émaner plusieurs Groupes d'Action Locale – GALs, tous pour constituer une liaison entre des efforts de développement de l'économie en zones rurales. Les agglomérations de plus de 50 000 habitants sont exclues. Un autre ordre de grandeur est introduit pour délimiter les régions susceptibles d'une acceptation dans un programme, si elles comptent une population d'au moins 10 000 âmes mais qui ne dépasse pas les 100 000.

Par des règlements communautaires particuliers les organes régionaux, administratifs et privés sont encouragés pour procéder à de nombreuses initiatives, des fois toutes diverses les unes des autres, de nature à mettre une région en valeur, fût-ce par des travaux de la terre, voire sous la terre, de commercialisation de tous produits, par organisation de foires et marchés, des promotions touristiques, de formation des résidents, voire de la formation continue ou de la réinsertion de travailleurs, jusqu'à la création d'emplois et le combat du chômage, et j'en oublie.

Un des Fonds structurels communautaires, celui qui est dédié à l'agriculture et au développement rural, le FEOGA, étend son patronage sur des initiatives luxembourgeoises.

On a vécu deux essais, savoir Leader I. – 1991-1993, exclusivement dédié au lac de la Haute Sure et Leader II. – 1994-1999, qui patronnait les cantons cumulés de Rédange et Wiltz ainsi que de Clervaux et Vianden.

Au constat que ces deux expérimentations se sont soldées par des résultats encourageants, selon les trois critères de principe :
– la valorisation du patrimoine naturel et culturel ;
– le renforcement économique permettant la création d'emplois ;
– le développement organisationnel de la communauté.[5]

Bruxelles introduisit Leader + ou Leader « plus », qui peut favoriser toutes les contrées rurales du pays. Le gros lot revint à la région du Mullerthal – la Petite Suisse Luxembourgeoise, où un parc naturel a été délimité en mars 2013. Ce Leader prévoit pour le Luxembourg des interventions de la Communauté, de préférence si elle peut rencontrer un cofinancement avec des moyens découlant de sources nationales. Ces opérations peuvent être à répétition.[6]

2.3 *Leader + en Moselle*

Certes la région mosellane ne fut pas gâtée dès le début, sous les deux Leaders expérimentaux. Sous Leader + général, spécifiquement après 2006, on ne saura plus l'affirmer.

---

5 Europa. Synthèse de la législation de l'Ue.
6 Lëtzebuerger Land, 4 février 2000.

Le choix de Grevenmacher comme « Leader-City » retourne encore au moins à deux autres situations de fait. Le siège traditionnel du « Wënzerverband », y rayonnait de la route de Trêves, activement soutenu par l'Entente Touristique de la Moselle.

Leader + dans les cantons mosellans s'est implanté dans la Ville de Grevenmacher, cité qui était prédestinée pour devenir le point de rotation ainsi que le centre de départ des initiatives Leader. Elle est, tout au long de la Moselle le rival de Remich dans le comptage des têtes d'habitants. Elle dispose d'une panoplie d'associations vouées au culte du vin, aux fêtes du raisin, aux dégustations publiques avec la foire aux Vins, le vendredi qui suit le dimanche de Pâques. Je me garde de les estimer plus efficaces, plus populaires et plus valeureuses que celles de Remich ou des autres localités vigneronnes. Toutes sont aussi bien de haut niveau touristique et d'attrait populaire, liées le plus souvent à des produits du cru, le raisin, le vin et leurs sous produits bien sûr, les cerises de Trintange, les pêches de la Cour de Remich, les noix et le rarissime vrai jambon fumé aux sarments du vignoble.

Grâce au port fluvial de Mertert la Moselle est devenue plus qu'une voie d'eau véhiculaire pour le charbon et le minerai, époque crépusculaire. Et c'est là que finalement des entreprises d'IT et de logistique se sont établies, dont les promoteurs ne sont pas luxembourgeois.

Fermons l'album avec quelques sites gallo-romains et le fameux aigle romain de Dalheim, qui attendent une mise en valeur.

Le nœud routier romain en sa croix de Dalheim préfigurait l'intersection en direction de Trêves, la capitale occidentale de l'Empire, de Thionville-Metz et de Sarrebruck. Le GAL « Miselerland » (Pays des Mosellans) a prévu la mise en place d'un circuit transfrontalier.

Ce GAL est à tenir actif et manipulant toutes les ficelles historiques, culturelles, touristiques, voire un jour économiques, industrielles, artisanales avec création d'emplois au profit de la Grande Région SarLorLux.

La région viticole est depuis longtemps organisée collectivement, l'initiative de proue étant celle de l'Entente Touristique de la Moselle luxembourgeoise regroupant les principales communes du terroir viticole. Le bateau de plaisance Marie-Astrid, une attraction touristique par excellence, est exploité sous sa régie.

Leader Miselerland a diverses réussites à son actif, en exemple un programme « Barrique », une réunion bois-tonneau-vin, comme cela était de tradition avant les caves garnies en inox et autres conteneurs[7]. Des tonneliers du Médoc avaient reconnu des qualités au bois de chêne de

---

7 Lëtzebuerger Wort, 23 novembre 2012 ; Le Quotidien, 12 décembre 2012.

nos forêts. Ils vont assembler les barriques chez eux. Il est remarquable que des noms comme le Centre de Recherche Publique Gabriel Lippmann et la faculté d'œnologie de l'université Montesquieu de Bordeaux ont le projet à l'étude.

On nous signale l'initiative Leader-Oenotourisme, un titre qui ne demande pas de description.

Grâce à une action cumulée des GAL la mission touristique s'étend jusqu'aux et au-delà des frontières allemande et française, avec un solide impact venant des Ardennes belges.

2.4 *Juridique et Finances*

LEADER est une saine initiative de l'Union européenne pour encourager chez tous ses Membres le développement de ce qu'ils ont de valable et d'économiquement utilisable dans l'intérêt de l'Union. Par sa contribution aux financements primaires Leader dirige et surveille les initiatives avec leurs travaux. La préoccupation n'était pas pour créer une œuvre juridique, mais de l'initiative, de la recherche et de l'activité. Il n'y a pas nécessairement d'actes de constitution bourrés de formalités, tant qu'il y aura de l'empirisme culturel et industriel.

C'est ainsi que les sièges « Wënzerverband », Entente Touristique et Leader + combinés à Grevenmacher se sont enrichis, le 8 septembre 2011, du siège d'une nouvelle entité coopérative, le « Centre de ressources et de formation pour la valorisation, la promotion et la commercialisation des produits du terroir luxembourgeois », étant précisé qu'il s'agit d'une société coopérative classique et non pas d'une association agricole.[8]

Il n'y a, dans cet acte de constitution, aucune référence au Leader + ou à un GAL, il n'y a pas non plus de référence que le gros de l'activité devrait se situer dans la région mosellane. Toutefois la composition des membres associés comprend tout ce qu'il y a de renommé dans la viticulture. L'objet social comprend toutes les activités déjà mentionnées ci-haut, en plus la gamme économique ou industrielle et avec seulement une courte allusion au tourisme.

Les matières du circuit et des aboutissements des subsides, garanties, financements sont complexes et en plus chacun, soit apporteur, soit accepteur des mannes, a la tendance d'interpréter à sa façon. J'opte pour la juxtaposition des interprétations, à l'oubli des intérêts particuliers.

---

8   Mémorial C, n° 2674, 3 novembre 2011, page 128314.

Du côté de l'Ue, sont à l'origine de l'effort financier de la Commission de Bruxelles le Fonds européen de développement régional – FEDER, le Fonds Social Européen – FSE et le Fonds Européen d'Orientation et de Garantie Agricole – FEOGA section « orientation ».

Ce dernier entre de 50 % jusqu'à 75 % dans le coût total de l'objectif à financer. Ces trois institutions visent surtout le cofinancement.

Ces instances européennes ont une large préférence pour les projets cofinancés qui font entrer une entreprise ou un organisme dans la responsabilité. Du côté de la Commission il n'y a pas de préférence absolue pour les institutions étatiques ou communales, ou des associations qui jouissent d'un soutien public. Selon l'objectif du LEADER ou du GAL la participation d'une entreprise privée solide, avec ou sans le concours d'un établissement public, peut bien entrer dans leur prédilection.

2.5 *Les résultats*

Les tentatives positives des Leader I et Leader II des années 1991 et 1992 ont encouragé le saut vers Leader « plus ou + » général couvrant tout le pays presqu'entier par des GAL, à savoir : le Nord avec les deux groupes Rédange-Wiltz et Clervaux-Vianden. Le Mullerthal est joint dans la version « + » du LEADER pour des raisons touristiques bien entendu, mais couplées de projets agricoles. Vient le Miselerland, que nous venons de présenter, fonctionnant par six Groupes d'Action.

Lëtzebuerg West, pour la partie agricole, est venu se mettre en dernier dans ces rangs.

Pour ces initiatives, l'année 2013, que nous écrivons, sera déterminante, comme les conventions en cours avec le Ministère de l'agriculture, de la viticulture et du développement rural, les autorités, associations et entreprises locales et les éventuels cofinanciers vont arriver à échéance. Le Luxembourg estime avoir bien mené sa tâche. Bruxelles n'étant pas lié par le passé, quelle sera l'attitude de ses fonctionnaires alors qu'ils ont des budgets durement à balancer ?

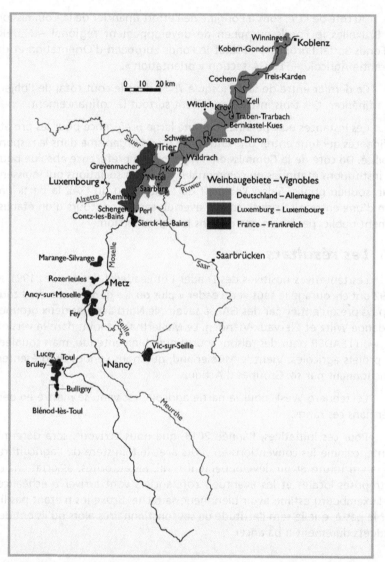

Copyright Terroir Moselle : carte issue du site internet www.terrroirmoselle.eu

2.6 *Terroir Moselle*

Le projet Leader Terroir Moselle fut présenté la première fois lors du « Weinforum 2010 » à Trèves. La région Moselle a tant de caractéristiques en commun, de Bussang et surtout de Metz à Coblence, ce qui fut le cas sous les romains, Charlemagne et Lothaire et depuis lors les belligérants. Les acteurs dans Leader Terroir Moselle ne sont pas des rêveurs mais des constructeurs sensés, actifs seulement dans les domaines où des points communs existent en toute sériosité :

1. la viticulture avec 4 000 vignerons ou domaines et tant de soucis en commun ;
2. des cultures et traditions qui se ressemblent et divergent ;
3. du tourisme actif qui est tant transfrontalier entre les trois pays que franchement international.

Une des initiatives pourrait aller jusqu'à une encore hypothétique commercialisation en commun par la création d'un seul vin véritablement européen. S'y ajoute la particularité que les trois vignobles élaborent des mêmes cépages, sortant toutefois des saveurs fines différentes. Je parle du Riesling, des Pinot gris, blancs et noirs.

L'organisation juridique, probablement un groupement européen qui doit réunir les participants, pourrait être constituée pendant que j'écris ces lignes. La forme juridique pourrait aussi résulter être une autre[9]. Une SARLORLUX avec plus de consistances effectives.

Ce logo simple qui dit ce qu'il veut dire va introduire
une unité de goûts aux saveurs différentes.

La liste des partenaires rejoint les mêmes trois pays qui, il y a un demi-siècle, ont célébré cette même Moselle, de nouveau canalisée. La Grande-Duchesse Charlotte, les présidents De Gaulle et Lübke à la proue du bateau-mouche de l'Entente Touristique ont ouvert la voie de la Lorraine au Rhin. Comme le traité de Schengen a ouvert les routes et les aéroports !

La présentation se lit allégrement, comme elle comprend pour chacun des trois pays les institutions régionales les plus représentatives, et, soit dit celles qui ont le mot qui pèse le plus. Sans qu'il soit oublié que LEADER est trois fois partenaire, une fois pour chaque pays.

---

9 Des informations et extraits résultent de :
   1) Europaforum,
   2) Mywort 14.01.2013 et Luxemburger Wort 24.01.2013.

3. FORMATION CONTINUE ET RECHERCHE UNIVERSITAIRE

La production vinicole, sous tous ses aspects, est devenue une préoccupation de tous les résidents, quand on considère qu'elle est entrée avec un coefficient remarquable dans le PIB du pays.

3.1 *Aspects économiques et droits d'exploitations*

La production vinicole, surtout sous ses aspects commerciaux, est devenue une préoccupation de ce demi-million de résidents, quand on considère comment elle contribue à la richesse économique du pays. Certes, cette production est consommée sur place pour 60 % et près de 30 % délectent nos voisins belges et aussi certains allemands, qui sont portés vers les vins plus corsés par rapport aux plus édulcorés de la basse Moselle et du Rhin. Le président allemand Walter Scheel était habitué à l'Elbing, que notre ancien premier ministre Gaston Thorn lui faisait envoyer par un vigneron d'Ehnen. Et il ne comptait pas mal d'imitateurs, comme ceux qui sont sortis des rangs des banquiers, qui ont fait un passage professionnel dans notre capitale.

Certaines statistiques, mêmes officielles, ont mis les français en deuxième place comme consommateurs, ce dont j'en doute. Jamais rencontré un cru luxembourgeois en France, ni à Thionville ni à Paris ou Nice ou au Sud-Ouest, non pas dans un magasin ou en privé, sauf auprès de concitoyens vacanciers. L'inverse me semble plus évident du vin français dans les étalages de nos supermarchés et vinothèques. Surtout du vin pour le coupage avec certains des nôtres, les mousseux comme invitants par les crémants.

L'internationalisation de la population résidente au Grand-Duché accrut la concurrence en vins français, italiens et portugais. Les vinothèques, battant pavillons de par ci et de par-là, se multiplient. Des cartes des vins apparurent, sans offrir un seul vin de nos domaines. Imaginez un restaurateur parisien de renom qui puisse se permettre pareille affront aux grands crus de la Grande Nation ?? Nous voulons rester avec droit au chapitre, un Rivaner se boit allégrement avec du bacalhau, comme un Pinot noir peut épouser une pasta bolognese.

La Moselle a réagi. La gamme des produits fut étendue au Chardonnay, aux rosés et au rouge du cépage St. Laurent. Bien d'autres nouvelles sortes sont en croissance.

Beaucoup de vignerons ont installé des salles de réceptions, et des domaines plus importants gèrent des locaux de dégustation avec restauration.

Du point de vue administratif, et en vertu d'un droit inhérent à la profession, les simples gouttes à l'essai en vue d'une vente, à propos de la déclaration à l'administration des contributions : « Cette disposition n'est pas applicable à ceux qui consentent de vendre le produit de leur récolte et de leur industrie », (loi du 29 juin 1989, art. 14 (1), reprenant la disposition de la loi antérieure du 12 août 1927). Ces activités sont permises sans licence de cabaretage à délivrer par l'administration des douanes et accises (anciennement l'administration des contributions directes). La dégustation est en soi un droit inhérent, comme notre très ancienne législation jusqu'en 1912 se trouvait sous l'influence du droit allemand. Celle-ci reconnaissait et reconnaît le droit de libre-service des vins, limitée à la propre production, aux « Strausswirschaften ». La tradition recommandait que ces locaux se fassent connaître en arborant un bouquet de verdures (Strauss, Büschl en Autriche).

Le droit d'établissement (loi du 22 septembre 2011) ne leur est pas opposable, tandis qu'il compte pour les locaux avec quasi-restauration, des amuse-bouches. Ceux-ci doivent aussi requérir les licences de cabaretage, à moins qu'ils n'aient obtenu une licence hors nombre. Loi de 1989 précitée, art. 6 (1) : « Dans les communes où les nécessités du tourisme l'exigent ou dans d'autres cas exceptionnels justifiés par un intérêt général le Ministre des Finances peut autoriser l'établissement de débits hors nombre de plein exercice ».

La même loi prévoit, pour toutes les régions touristiques du pays, des licences saisonnières, valables jusqu'à sept mois.

Notre Moselle s'est ouverte à la rue et non plus seulement à des clients déterminés à l'achat.

3.2 *Quand la sociologie s'empare des dégustations*

3.2.1 Le concours des ministères

Vous avez constaté, la santé biologique et économique de la viticulture nous concerne. Le demi-million de résidents, et moyennement plus de cent mille de frontaliers en aller et retour régulier. Et ils ne sont pas tous consommateurs. Rien de surprenant qu'à côté du ministre de l'économie, plusieurs autres ministères se sont mis en commanditaires du ministre de l'agriculture et de la viticulture, où a priori aucun lien ni politique ni fonctionnel ne les y obligeait. Le ressort du tourisme et des classes moyennes, un ministère éventail qui intervient là où bon lui semble, mais plus curieusement, aussi ces deux autres ressorts, l'éducation nationale ainsi que la recherche et l'enseignement supérieur, éloignés de l'œnologie s'intéressent à la consommation du vin !

L'un organise des cours publics sur la dégustation et accorde des coups de cœur au terroir luxembourgeois, l'autre finance à notre université des recherches sur l'impact du vin sur notre société. Ces deux initiatives ont trouvé leur écho dans l'édition d'une étude de notre compatriote Madame Rachel Reckinger intitulée « Parler Vin. Entre normes et appropriations ».[10] Madame Reckinger a choisi notre pays, qui est aussi le sien, pour ses recherches, et bien entendu le vin de la Moselle comme sujet de référence. Son livre a le mérite de présenter à la fois le pays et ses presque 300 000 âmes d'origine avec leurs habitudes et leurs coutumes.

Pour nos « Krunnemëcken » qui, comme des moucherons tournent autour du bondon, avides sur toute gouttelette qui pourrait se filtrer de la barrique, une mise en garde ! Qu'ils ne s'attendent pas à une lecture de festivités bacchanales glorifiant les Elbling jusqu'au Gewürztraminer. Ni Santé ! Ni Prost ! Aucune incitation à boire ! Il s'agit d'un livre du tout au tout scientifique et érudit. Il s'agit, selon l'auteur même, de « la version retravaillée de ma thèse de doctorat en sociologie (Écoles des Hautes Études en Sciences sociales, Marseille), intitulée « Les pratiques discursives œnophiles entre normativité et appropriation. Contribution à une sociologie des cultures alimentaires ».

Des cultures alimentaires nous apprenons à propos du Luxembourg, que « c'est le pays où la consommation de litres de boissons alcoolisées par habitant est la plus élevée au monde : 12,6 litres d'alcool pur par habitant et par an, en 2003. La même chose vaut pour le vin : 66,1 litres, alors que le second pays sur la liste est la France avec 48,5 litres (Commission for Distilled Spirits) »[11]. Monsieur Jean-Pierre Corbeau, auquel nous devons la préface, y apporte une précision corrective « même si ces chiffres doivent être corrigés par la consommation des frontaliers venant acheter des produits détaxés », par suite de nos taux d'accises et de TVA, s'entend.

Changeant de sujet, la préface d'ajouter pour notre pays : « Le choix du Luxembourg est aussi important du point de vue de la posture de chercheur : c'est le pays d'origine de Rachel Reckinger. Elle assume donc, pour plus d'efficacité, cette anthropologie de la proximité qui lui permet une approche compréhensive avec un "regard éloigné" ... Cette approche compréhensive s'imbrique dans une enquête qualitative dont l'exploitation théorique et l'imagination sociologique convoquent avec pertinence

---

10 Rachel Reckinger, *Parler Vin*, Presses Universitaires de Rennes et Presses Universitaires François Rabelais de Tours, Collection Tables des Hommes, Rennes/Tours, 2012.
11 Citation de « Commission for distilled Spirits-2005, World Drink Trends 2005, éd. Oxfordshire, World Advertising Research, p. 190 », Luxemburger Wort 23 mars 2013 « Von Altbewährten und Kuriositöten ».

des auteurs aux points de vue – à bon escient – rarement associés au sein des études contemporaines relatives au vin ». Voilà, en peu de mots une appréciation de la valeur de ce livre par un sociologue renommé.

J'ai pourtant retenu certaines remarques plaisantes qu'un non-méthodologue comme nous autres déguste avec plaisir. De l'introduction nous retenons une belle considération sur le tas des lois, directives, règlements et contrôles de toutes sortes qui nous surplombent en nous éloignant du véritable sujet qui intéresse : « Même si les tractations réglementaires actuelles sur la production et la catégorisation des vins, tant au niveau de la Politique agricole commune (PAC) européenne qu'à l'Organisation mondiale du commerce (OMC) sont autant teintées de revendications sociales que culturelles – et, évidemment, juridico-économiques –, c'est bien la consommation de vin qui est "culturalisée" » dit Madame Reckinger.

Une de ses remarques bien flatteuses pour notre viniculture : « … le Luxembourg est particulièrement actif en termes d'initiatives politiques et économiques en vue d'une amélioration qualitative continuelle de la production des vins fins et de leur image auprès des consommateurs à un niveau national et international… ». Ceci est archi-vrai ! À voir nos jeunes vignerons, comment ils se démêlent, encouragés par l'Institut viti-vincole (IVV) à partir de Remich, dans de nombreuses techniques modernes du traitement du sol, cultures bio, raisins cueillis à la main, vendanges tardives, vins de glace ou raisins à murissement prolongé sur paille, vins vieillis en barriques, réintroduction du rouge St. Laurent, nouveaux cépages en croissance, participations LEADER-Miselerland, Charta, etc. Sans oublier les nouvelles initiatives de la Commission de Promotion des Vins et Crémants.

3.2.2 Regards sur le pays mosellan

Il nous est livré un court aperçu historique de la viticulture ainsi que de l'évolution des façons de boire à travers les siècles, situant les débuts de nos habitudes vineuses vers notre indépendance politique en 1839 (traité de Londres), je dirais plutôt 1815 (traité de Vienne), encore que nous disposons de rapports annuels sur la qualité de crus de la Haute Moselle d'avant l'an 1000[12], où le Luxembourg fut des fois indépendant, d'autres fois sous domination. Les moines d'Echternach en avaient plein les caves de l'Abbaye, certes, leurs domaines s'étendaient jusqu'à Traben-Trarbach.

En ma qualité de co-fondateur et ancien Grand Maître jusqu'en 1985, je suis reconnaissant que la Confrérie St. Cunibert et le Musée du

---

12 Contacts de la Confrérie Saint Cunibert. Recherches de Will Reuland.

Vin à Ehnen[13] aient trouvé une bonne demi-page d'élogieux commentaires. Le livre a paru trop tôt, son auteur ne pouvait pas savoir qu'après une accalmie d'activités cette association a fêté son renouveau l'année dernière, élevant au rang de Grand Maître Marc Kuhn, contrôleur des vins, fraichement retraité. Avec une modification des statuts, qui ont e.a. a admis les dames comme membres à part entière. L'aurait-elle su, Madame Reckinger n'aurait pas manqué de le signaler.

Le Musée A Possen, une œuvre qui revient à l'initiative privée du Dr. Prosper Kayser, collectionneur et animateur, avec le concours d'une poignée de vignerons, est aussi chaudement décrit. L'accent est mis sur le côté folklorique des traditions propres à la gens vigneronne de notre côté du fleuve.

3.2.3 Les mérites de l'universitaire

Rachel Reckinger a, pour nous simples lecteurs non-initiés à la sociologie, deux mérites.

Du côté scientifique elle nous ouvre comment et pourquoi le vin fut introduit dans la société et reconnu par elle, solennisant les événements sociaux par la consommation ostentatoire[14].

De l'autre côté, plus pragmatique, Rachel Reckinger narre ses rencontres avec, ce qu'on a convenu de désigner des gens du peuple. Ils racontent leur approche personnelle dans le monde vineux, les uns par l'habitude léguée par la maison paternelle, les autres des non-initiés, par curiosité et amour de perfectionner leurs goûts. S'y annexe une cohorte particulière, ceux qui, par suite de leur ascension dans la société ont senti le besoin de se faire œnologues, je parle des nouveaux riches. Et, permettez-moi la digression, les mêmes font la cohue devant les clubs de renom comme Rotary et Lions, voire, si ces portes restent fermées, St. Cunibert, Coteaux de Champagne et autres genres de confréries, ceux qui se créent une bibliothèque garnie de livres richement reliés achetés au mètre courant, qui enfin se sentent le besoin de découvrir l'empire du vin, ce qui se traduit par l'acquisition des Grands crus les plus chers, peu importe s'ils ont été déclassés, c'est le haut prix qui importe, et on en discute, non pas sur le vin, mais le prix.

De retour à Madame Reckinger, vous détecterez qu'elle a mené des nombreuses interviews avec l'intention d'aboutir à la prémisse posée

---

13 L'auteur Rachel Reckinger s'est fait utilement inspirer par des articles de Jos. Gehlen, chroniquer mosellan pour divers journaux.
14 Citation à partir de Tchernia André & Brun Jean-Pierre, Le vin romain antique, Grenoble, Glénat, 1999 et de Garrier Gilbert, Histoire sociale et culturelle du vin, Paris, Larousse-Bordas, 1995.

au début de son livre, où tout œnologue accompli, ayant suivi les voies didactiques qu'elle tracera encore, rêve réussir aux trois tests organoleptiques. Elle a, elle-même, suivi des cours d'œnologie, dont celui organisé par notre ministère de l'éducation nationale. À la fin l'on pourra orchestrer son propre tournoi des trois dégustations.

3.2.4 Didactique pratiquée par trois œnologues[15]

Conclusion : des médiateurs interprétatifs actualisant la normativité œnophile.

Conclusion de l'auteur à propos des trois maîtres de cours, que nous nommons pour la circonstance : Armand Schwartz, Pierre Nagel et Sylvie Meyer[16 et 17].

Le premier procéda à une « dégustation en clair », œuvrant du côté de « l'objectivité du produit », en le contextualisant par des explications rationnelles et clairement présentées.

Le second, par une « dégustation à l'aveugle », se situe sur le versant de la « subjectivité du dégustateur » et considère que l'essentiel du travail est à fournir côté consommation : il faut multiplier les expériences sensorielles.... pour réduire des préjugés non fondés et de se rendre compte de ses capacités « instinctives » de discernement. Donc, peut-on ajouter ? les entraîner religieusement

La troisième, opposée aux dégustations anonymes, par une dégustation du type « objectivité du produit », se range entre ces deux premiers pôles, le vin comme « contingent, mais néanmoins explicable », aidant les personnes à réduire les peurs aveuglant leurs perceptions, sans cependant d'infléchir leur comportement. Ma morale : quand vous êtes nerveux, avalez de la bière !

La participation aux cours des instructeurs sélectionnés par le Service de la formation des adultes, est le mieux décrite par l'auteur elle-même dans une interview accordée au Journal Le Quotidien[18]. La question relative au profil des participants reçut comme réponse : « Oui, les personnes étaient toutes luxembourgeoises..... On retrouvait les classes moyennes et supérieures, des personnes déjà installées dans leur vie, pas en devenir. Il manquait les grandes élites, les étudiants, les personnes défavorisées

---

15 Je reprends par parties désordonnées les écrits de Rachel Reckinger, sans pourtant les marquer de guillemets.
16 Ici Rachel Reckinger s'est inspirée de Geneviève Teil : La production du jugement esthétique sur les vins par la critique vinicole, dans sociologie du travail, n° 43/I, p. 67-89.
17 Il s'agit de trois luxembourgeois aux noms anonymes.
18 Le Quotidien, samedi 23 et dimanche 24 mars 2013, « La recherche du plaisir primait ».

et celles provenant de la vigne pour qui il s'agit d'un savoir familial. J'ai compté 60 % d'hommes. L'âge moyen se situait entre 30 et 40 ans ».

Les feuilles annexes présentent des statistiques au sujet des trois cours d'œnologie, dont on dégage les sélections en vins :

Schwartz : 59 crus, vins français et luxembourgeois à presqu'égalité, certains italiens, espagnols et une minorité d'autres pays ;

Nagel : 109 crus, vins français et luxembourgeois remplissent presque le contingent :

Meyer : 40 crus, vins portugais, puis français, suivis des espagnols qui devancent quelques italiens.

Un résultat commun – et lisez, du moins pour moi il y a un peu de nouveau – les accords mets-vins et la progression des vins à servir :

- un vin léger précède un vin corsé (indépendamment des couleurs des vins, ainsi un Beaujolais rouge peut être servi avant un Meursault blanc) ;
- et avec ce qui suit je suis à l'aise – un vin sec précède un vin moelleux ;
- un vin simple précède un vin complexe ;
- un vin jeune précède un vin vieilli.

Vu la diversité des enseignements et la disparité des crus, que tout œnophile pour devenir œnologue participe aux trois cours, ou à des cours similaires comparables !

Vous, chers lecteurs, qui voulez savoir plus, lisez cette intéressante recherche !

Les chargés de cours sont des médiateurs entre la pratique discursive œnophile et les amateurs de vin.

Chapitre 10

La Commission de promotion des vins et crémants

Cette Commission a été créée en 2002 au sein du Fonds de solidarité viticole, pour reprendre des devoirs initialement imposés au Fonds. Aussi pour remplacer des fédérations préexistantes.

Comme dans presque toutes les institutions parastatales elle est composée d'agents publics de la viticulture, de représentants des vignerons de Vinsmoselle, de délégués des vignerons indépendants et de négociants.

Sa mission est d'élaborer, d'établir et de mettre en œuvre des programmes qui permettront la réalisation des objectifs suivants :

– créer une nouvelle image de marque pour les vins et crémants ;
– faciliter le positionnement des produits vinicoles sur les marchés indigènes et internationaux ;
– contribuer à la rentabilité économique du vignoble luxembourgeois par le développement de nouveaux débouchés à haute valeur ajoutée ;
– assurer que le secteur viticole continue à compter parmi les secteurs d'avenir de l'économie luxembourgeoise.

La Commission est chargée de la présentation officielle de notre viniculture dans les grands évènements promotionnels, surtout à l'étranger. Elle est tellement importante pour la consommation des produits luxembourgeois, dont toujours la Belgique en premier lieu.

Souhaitons à Vinsmoselle que ses efforts d'exportation en Chine soient couronnés d'un même succès. Avec un tiers de vins de chez nous le pays de Chine restera toujours sur sa soif ! Que Pékin renonce aux droits de douane, comminatoires depuis peu.

Chapitre 11

La Marque Nationale et les AOC

1. Naissance de la Marque

Cette Marque, commune aux produits agricoles et horticoles, fut créée le 2 juillet 1932, introduisant un classement « qui devra correspondre à un standard de produits homogènes dont le vendeur assume la garantie vis-à-vis de l'acheteur ». Aux arrêtés gouvernementaux d'établir les mesures de surveillance et de contrôle, les modalités d'établissement des standards, la cotation des prix commune aux bourses de commerces, foires et marchés. Ces bourses ont disparu. Le commerce du détail n'était pas compris. En matière de vins et produits assimilés l'organisation fut confiée à la Station viticole.

Jouissent des mêmes protections les insignes de la Marque Nationale du vin qui fut créée en 1934.

Un arrêté ministériel du 30 mars 1937 perfectionna les appellations d'origine pour les vins luxembourgeois par une protection géographique bien définie. Elle reconnaît les désignations suivantes :

1. Vin de la Moselle Luxembourgeoise ;

2. Moselle ;

3. Le nom d'une des 17 localités viticoles ;

4. Le nom d'une de ces localités accompagné d'un lieu-dit appartenant au ban de la localité, de même que la spécification du cépage indiquant la composition du vin ou (non pas : et !) l'année de son origine.

Faisons un saut au-delà de la guerre et de l'annexion du pays au Reich allemand, jusqu'à l'arrêté du 25 octobre 1949 au sujet de la protection des appellations d'origine, pour constater la similitude avec la législation française instaurée par le décret-loi du 30 juillet 1935, créant e.a. le Comité National des Appellations d'Origine des vins et eaux-de-vie, devenu l'I.N.A.O. (Institut National des Appellations d'Origine) par après et l'I.N.A.O.C. encore plus tard (le C étant pour « contrôlé »).

L'arrêté luxembourgeois de 1949 vise tant les vins indigènes que les importations de l'étranger. Tout fût et chaque bouteille nécessite soit une pancarte, soit une étiquette portant

a) la dénomination géographique, le lieu de production ou la région viticole ou encore le pays d'origine ;

b) la nature du vin avec l'appellation généralisée blanc, rosé ou rouge ou la désignation de la variété du raisin ;

c) le nom et l'adresse du fournisseur ou du producteur.

Ces mêmes indications sont à afficher lisiblement dans « les lieux affectés au public » et dans « les magasins où le vin est vendu en fût ». De nos jours le fût ne s'acquiert que dans les domaines ou à l'encan.

Un arrêté du même jour, abrogeant en partie la loi du 24 juillet 1909, définissait « les teneurs maxima en alcool et les teneurs minima en acides qui caractérisent la constitution du vin dans les bonnes années ».

Pour le non-initié les lois parlent confusément des notions alcoométriques exprimées tantôt en « degrés » ou « degrés français », tantôt en « pourcentages en volumes », ou en « pourcentages en poids », mais jamais en promilles, réservés à la police routière. En matière de vins et de bières, grâce aux nouvelles définitions, elles sont devenues équivalentes[19].

« Les teneurs maxima en alcool obtenues par traitement à l'effet de suppléer à un manque naturel d'alcool, sont fixées comme suit, pour les vins :

1. des cépages Traminer et Ruländer (Pinot gris) 9 % en poids ;

2. des cépages Pinot blanc, Pinot noir, Auxerrois, Riesling et Muscat Ottonel 8 2/3 % en poids ;

3. de tous les autres cépages :

   a) si leurs moûts titrent au moins 60° Oechsle, leurs vins 6 % d'alcool en poids de base 81/3 % en poids ;

   b) si leurs moûts titrent moins de 60° Oechsle, leurs vins moins de 6 % d'alcool en poids de base 8 % en poids.

La teneur alcoolique en puissance des sucres non réduits est à ajouter toutefois à la teneur alcoolique apparente ».

La Moselle luxembourgeoise connaît le cépage de l'Elbling, largement inconnu en Alsace-Lorraine. Ce cépage, du plus sec des secs, du plus naturel qu'un vin ne puisse l'être, est de provenance de la région de la Rhénanie-Franconie « Rheinfranken », située jusqu'à Outre-Rhin. D'où la désignation en langue luxembourgeoise de « Reifrënsch ».

« À l'effet de remédier à un excès d'acides, la teneur minimale en acidité tartrique est fixée à 7,8 g/litre pour l'Elbling, tandis que 7,3 g/litre sont seulement tolérés pour tous les autres cépages ».

---

19   Des définitions exactes se lisent à l'annexe I du Règlement CEE N. 816/70 du Conseil du 28 avril 1970 portant dispositions complémentaires en matière d'organisation commune du marché viti-vinicole (JOCE N. L99/16 S.S.70) :

Titres Alcoométriques

1. Titre alcoométrique acquis : le nombre de volumes d'alcool contenus dans 100 volumes du produit considéré.

2. Titre alcoométrique en puissance : le nombre de volumes d'alcool susceptibles d'être produits par fermentation totale des sucres contenus dans 100 volumes du produit considéré.

3. Titre alcoométrique total : la somme des titres alcoométriques acquis et en puissance.

4. Titre alcoométrique naturel : le titre alcoométrique total du produit considéré avant tout enrichissement.

2. Attribution de la Marque Nationale
(30 janvier 2001)

Transposant en droit national le règlement CE 1493/1999 du Conseil des CE portant sur l'O.C.M. viti-vinicole (organisation commune du marché viti-vinicole) notre système fut en grande partie redéfini[20].

La Marque, placée sous le contrôle de l'État, garantit que le vin est d'origine luxembourgeoise, sans coupage avec un vin étranger, et qu'il répond aux critères de qualité des règlements communautaires et de la loi.

La première condition est remplie quand la transformation des raisins du moût en vin est effectuée à l'intérieur d'une même région. Sans entreposage dans cette région le vin ne peut prétendre à la Marque, ni à une mention à caractère qualificatif.

La gestion financière, administrative et technique de la Marque est confiée à l'Office National de l'Appellation d'Origine Contrôlée « Moselle luxembourgeoise » (O.N.A.O.C.) comparable à l'I.N.A.O.C. français (ancien I.N.A.O.), et à toutes les autres autorités de l'Europe œnologique ayant la reconnaissance des distinctions de qualité dans leurs attributions.

Pourtant, des différences subsistent, dues à l'histoire et à des règles ancestrales qui perdurent.

En 1855 Paris se préparait pour l'exposition universelle. Napoléon III envoya une délégation à la Chambre de Commerce de Bordeaux, dans le Médoc, les Graves et les Sauternes pour y sélectionner le meilleur du meilleur. Par une méprise le domaine du St. Emilion, dépendant de la Chambre de Commerce de Libourne, ne fut pas considéré. Suivirent des réclamations véhémentes. Les St. Emilion, Cahors et Bourgogne, peu à peu les autres régions reçurent le même traitement, sauf l'Alsace, passée entre-temps sous régime allemand.

Les vins français sont en majorité soumis à l'appellation avec qualification relativisée au lieu de leur naissance. Tel cru y est qualifié de Grand Premier, de Grand ou seulement de Bourgeois s'il est né dans l'enceinte d'un vignoble donné et vinifié sur ces lieux. Aujourd'hui, ne se trouverait-on pas un peu au-delà des marges communautaires ? Question sans réponse ! Ainsi, quand l'année était exécrable, il restait abandonné finalement au bon jugement du vigneron de déclasser volontairement son produit, au lieu de le vendre comme cru d'un échelon plus hautement qualifié.

---

20 Depuis 2001 des modifications profondes ont altéré l'OCM viti-vinicole et nos lois y ont ajouté leur grain de sel. Par souci de ne pas ébranler notre habitude de procéder méthodiquement par la succession des dispositions légales au fil du temps je me réserve de commenter ces nouveautés ultérieurement.

Au Luxembourg, d'une façon comparable mais non identique à l'Alsace, la qualification des crus désignés par la variété du cépage n'est pas tributaire du lieu de naissance, mais reste sujette à un examen individuel par la commission de dégustation à l'intérieur de l'O.N.A.O.C. (couramment encore la Commission de la Marque Nationale).

Il est important de savoir qu'il est laissé au libre choix du producteur de présenter son vin pendant l'année même de sa vinification ou de le laisser se reposer et vieillir pendant un certain temps, comme vin sans la Marque et de le présenter par après, maturé en son meilleur état de vieillissement. La Cour de justice des communautés européennes a reconnu la licéité de cette pratique lors d'une contestation par le Luxembourg relative à une attribution sous l'arrosage des subsides du F.E.O.G.A. refusés par celui-ci.

Il est institué une commission, dite organoleptique, composée de 14 membres, nommés par le ministre de la viticulture : 4 délégués des caves coopératives (aujourd'hui Vinsmoselle), 2 délégués des vignerons indépendants, 2 délégués des négociants en vins, 2 délégués des consommateurs, 2 délégués des hôteliers, restaurateurs et cafetiers et 2 fonctionnaires de l'État, dont un représentant de l'Institut viti-vinicole. Les plus érudits en la matière ne restèrent pas sans critiques quant à la désignation des délégués des consommateurs, de braves gens que rien pourtant ne prédestinait à des connaissances spéciales.

L'examen du vin est précédé par un test géologique et de laboratoire à l'issue duquel les premiers 10 points doivent être atteints sur un total de 20, préalablement à la dégustation.

Le tournoi organoleptique, qui attribue les points entre 10 et 20, porte sur « la couleur et la limpidité, ainsi que sur l'odeur et la saveur du vin ». Sont demandés au moins 12 points, le degré inférieur de la classification étant celui de la Marque Nationale, celle qui attribue tout justement l'AOC au niveau européen. Au dessous des 12 points on se meut dans les vins de table.

L'obtention des mentions qualitatives est fonction des minima suivants :

Marque nationale simple	12 points
Vin classé	14 points
Premier Cru	16 points
Grand Premier Cru	18 points.

Comme indiqué, aucune distinction n'est faite quant au lieu de croissance de la vigne. Ainsi est-il fort possible et souvent arrivé qu'un vin qui fut de Grand Premier Cru pendant des années a dû se contenter de la simple Marque Nationale, voire d'un breuvage de table, pour les récoltes suivantes.

C'est l'O.N.A.O.C. lui-même qui concède l'étiquette spéciale ainsi que la collerette, après l'attribution du numéro de contrôle du vin concerné. Ce numéro est accompagné de celui du fût duquel le vin a été tiré. Une précaution pour éviter qu'un producteur ou un négociant ne fasse distribuer un vin qui se prétendrait qualifié mais qui est tiré d'autres fûts que celui duquel provient le vin effectivement dégusté.

« La Marque Nationale est caractérisée par une étiquette rectangulaire à apposer sous forme de contre-étiquette sur les bouteilles ou les récipients », ce qui veut dire du côté opposé à l'étiquette principale. Cette petite mention rectangulaire porte l'inscription « Moselle luxembourgeoise – Appellation contrôlée » et la reproduction d'une grappe de raisins de huit baies, dans un fond d'un paysage de vignobles et un cours de la Moselle schématisé. Obliquement on y lit « Marque nationale – sous le contrôle de l'État ».

Enfin, l'année de la récolte ne doit pas manquer.

Ces prescriptions ne portent pas atteinte aux étiquettes principales, généralement plus étendues, où une certaine liberté est encore laissée au producteur ou au négociant. Leurs noms et adresses, le lieu des vendanges, la désignation du cépage, le lieu de la mise en bouteille, le titrage en alcool, les numéros du fût et le contenant de la bouteille ou du récipient doivent y figurer, exception faite pour les références à la Marque et aux qualifications qui sont réservées à l'étiquette rectangulaire ou à la collerette. Des ajouts particuliers sont permis à l'étiquette, comme p.ex. l'obtention d'une médaille d'un concours ou une indication que le vin a été tiré spécialement pour un baptême, une noce ou une année jubilaire.

Dans le cadre de la réglementation sur la Marque Nationale il est interdit à quiconque produit ou négocie le vin de mettre des références aux qualifications obtenues sur ses papiers commerciaux, ceci pour éviter toute confusion dans l'esprit du public que tous les produits en vente chez ce viticulteur ou négociant soient de haute qualité.

Un vin ayant obtenu la Marque Nationale ou une qualification même supérieure doit être embouteillé endéans les 9 mois depuis la reconnaissance de la mention.

Le règlement de 2001 porte une modification pour les vins qui sont livrés en fûts. Ces livraisons ne peuvent avoir lieu « qu'à l'intérieur de la région viticole dans des transactions commerciales s'effectuant entre producteurs et négociants de vins en gros, et dans les cas de livraison pour la fabrication de vin mousseux et de vin pétillant ».

Tout vin de la Marque, avec ou sans qualification, doit être commercialisé sous la dénomination de la région viticole luxembourgeoise. Il ne peut être distribué qu'en bouteilles ou en récipients agréés par le ministre, qui en fixe également le contenant.

À cet égard nous devons constater que depuis ce règlement de 2001 des instances européennes, ou plutôt quelques fonctionnaires, sans doute oisifs, se sont mis à standardiser des bouteilles et verres à vin, comme ils ont voulu le faire avec des verres ou pots à bière, propres à dérober aux régions traditionnelles de l'Europe leurs atouts caractéristiques et folkoriques propres. Servir à l'Oktoberfest de Munich des demis au lieu du « Maass », interdire aux brasseries LIPP et BALZAR à Paris de servir leurs bières en « Sérieux », éradiquer la « pinte » à Londres, remplacer à Strasbourg le « Stamm » par une verrerie quelconque, conçue par un dessinateur éloigné, sorti victorieusement d'un concours magistral ? !! Ceci ne nécessite pas davantage de commentaires.

L'O.N.A.O.C. s'est investi des surveillances et contrôles relatifs à la bonne gestion des marques et qualifications. Dans la plénitude des lois protectrices, ces mêmes préoccupations sont devenues le souci des organismes étatiques pour la protection des consommateurs. Et ceux-ci l'exercent souvent avec beaucoup plus de virulence. Ce qui ne veut pas dire de nécessité ! Celui qui touche au vin doit se rendre compte qu'il est doublement surveillé. Ce n'est pas une mauvaise chose pour une éthique du bon vin !

3. DES CEPS ET DES CÉPAGES

Le 6 mai 2004 nous gratifie d'un règlement sur la variété des vignes et des pratiques culturales et œnologiques agréées.

D'une façon générale tous les produits vineux du pays, que leur croissance se situe sur les coteaux le long de la Moselle et de la Sûre ou dans l'arrière-pays, sont désignés du nom de « Moselle luxembourgeoise », qui pourra devenir « Vin de Luxembourg ».

La liste des cépages à planter sous ce nom, et aptes à la dénomination vins de qualité produits dans des régions déterminées (v.q.p.r.d.) comprend les :[21]

- Auxerrois (un petit bourguignon, cousin du Pinot blanc. Il ne peut presque plus être déniché dans les alentours d'Auxerre, survivant dans quelques rares jardins alsaciens et lorrains, et fort à la

---

21   Les comparaisons des crus avec des saveurs de fruits et d'épices ici indiquées ont été empruntées à M. Fernand Klée « Guide Klée des vins Luxembourgeois », Éd. Passerelle, Promoculture. J'ai préféré laisser le fin mot à un sommelier de renom.

mode au Luxembourg) – Klée : Dans les vins jeunes on retrouve souvent l'odeur de banane ;

- Chardonnay (qui a réapparu, apprécié pour sa haute consistance en moût et sa résistance aux intempéries) ;

- Dakapo (peu connu, et qui, d'après la loi même, ne peut être utilisé qu'à des fins de coupage, limité à 10 %, avec les Gamay, Pinot noir, Pinot précoce et Saint Laurent. Un Dakapo de pur cru, jamais bu !) ;

- Elbling (cépage, pour une fois non-alsacien ni bourguignon, nous parvenu de la Rhénanie-Franconie – « Rheinfranken ». Vin très sec et pourtant avec un petit goût de fruité. Au nez organoleptique il est au niveau du gros plant Muscadet, à la rigueur de l'Aligoté) – Klée : Le vin est neutre au goût et possède une acidité ainsi qu'une fraîcheur caractéristique ;

- Gamay (un vieux rouge de Bourgogne où il rétrograde sous la concurrence des Pinot noir, mais il se refait) ;

- Gewürztraminer (un vin qu'on n'attribue qu'à l'Alsace, oubliant notre terroir, et, pour être sincère l'alsacien est plus fruité dans les années courantes, mais lors d'une vendange exceptionnelle le nôtre excelle vis-à-vis de celui du Haut-Rhin, alors trop aromatisé pour certains palais) – Klée : L'odeur du vin rapelle les litchis (Géronial) ainsi que les roses (acétote de phényl-éthyle) ;

- Muscat Ottonel (fruité mais sec, originaire d'Alsace et du Palatinat où il s'appelle « Muskateller ». D'aucuns racontent qu'il ne s'y trouve qu'à cause des fameuses asperges de la plaine des alluvions des berges du Rhin) ;

- Pinot blanc – « Weissburgunder » (ce cousin de l'Auxerrois, qui ne trahit jamais son origine de Beaune) – Klée : présente souvent toutes ces vertus que l'on désire retrouver lorsque on déguste un vin blanc de grande classe ;

- Pinot gris, « Ruländer ou Grauburgunder » (légèrement parfumé avec des nuances différentes du Nord de l'Italie, de la Slovénie jusque dans nos régions) – Klée : donne une impréssion de moelleux ;

- Pinot noir, « Blauburgunder » (un pensionnaire du Luxembourg depuis longtemps, vinifié en blanc, en rosé ou en rouge) – Klée : les mêmes caractéristiques que les vins de Bourgogne (framboise, griotte, cassis…) ;

- et Pinot précoce – « Frühburgunder » (n'a été ajouté que plus tardivement dans la gamme des variétés admises) ;

- Riesling (le roi des vins de Moselle et du Rhin. Lors d'une bonne année ce cépage s'y épanouit dans des conditions idéales. Mais épargnez-moi de rechercher si le cépage est d'origine alsacienne, frioulienne, allemande, ou autrichienne ? Une certaine étymologie place son berceau en Autriche, parce qu'un petit jardin viticole s'y appelle « ein Riez », d'où le « Riezling ») – Klée : Vins de classe qui se distinguent par :
  - leur nervosité
  - leur fruité
  - leur longueur en bouche ;
- Rivaner, « Muller-Thurgau » (une appellation de commerce qui est une invention luxembourgeoise. À mon savoir il n'existe nulle part ailleurs sauf en Belgique, fidèle copieuse de certains de nos textes. Vin à léger bouquet, sorti d'un croisement entre les cépages Riesling et Sylvaner. Nous devons remercier Monsieur Muller, un œnologue suisse du Thurgau, prophète méconnu dans son pays et réfugié au pays de Bade à la station de Geisenheim. Pour le différencier de la multitude des Müller, on y ajouta le « Thurgau », le canton de sa provenance : C'est une vigne appréciée pour sa robustesse lors des intempéries et son haut rendement en moût. À titre de curiosité : au Palatinat supérieur, région de Würzburg, le système inverse a réussi, à savoir le croisement Sylvaner et Riesling, qu'on vous sert comme « Rieslaner ») – Klée : les vins dans lesquels on retrouve les parfums musqués ;
- Saint Laurent (cépage rouge d'origine bordelaise bien plus fréquent à l'époque d'avant le phylloxéra, mais en voie de renaissance avec la mode des rouges), un vin qui peut être bu légèrement réfrigéré ;
- Sylvaner (vin sec a très léger bouquet, guère planté au Luxembourg, mais ce d'autant plus au Palatinat et en Alsace).

Les omis, les interdits et les nouveaux :
- Meunier (un vin rouge bien implanté le long de la Moselle d'avant l'invasion du phylloxéra. Il est récemment entré de nouveau dans la discussion, sans pourtant recevoir un agrément, alors que le Saint Laurent a remporté la manche) ;
- Riesling bouquet (qui comme son sobriquet l'indique est une variété du Riesling avec un tantinet de bouquet en plus. Des chais de Schwebsange et des alentours le cultivaient il y a peu d'années. Il a disparu de la nomenclature des variétés admises) ;
- Traminer (faisait naguère partie des vins officiellement autorisés. À ne pas l'estimer comme une sous-catégorie du Gewürztraminer.

L'origine des deux est du vignoble italien de Tramin. Il a disparu de la liste des agréments. L'explication est à trouver dans la diminution des récoltes et la notoriété que le Gewürz s'est taillée dans la réputation populaire). En plus les vignerons de Tramin se sont-ils opposés à ce que ce vin soit encore produit chez nous, comme aussi dans les autres zones de production. Le « Gewürz » nous est resté.

Des textes luxembourgeois, et de l'Ue aussi, ont formellement frappé certains cépages d'interdiction : Noah, Othello, Isabelle, Jacquez, Clinton, Herbemont, et ce au mépris de leur auguste résonnance dont un à tonalité politique.

Notre règlement grand-ducal de 2004 ouvre une brèche en faveur de nouvelles variétés pour des examens d'aptitude locale ou des recherches scientifiques. Un contrat préalable avec l'Institut viti-vinicole est requis, avec une délimitation à 10 ares et une durée minimale de 5 ans par cépage d'essai. La surveillance par les services spécialisés de cet Institut est incontournable. L'agrément des résultats vaut acceptation du cépage dans l'appellation Moselle luxembourgeoise. Cette reconnaissance présuppose une aptitude culturale, des examens analytiques et organoleptiques concluants.

Actuellement différents vignerons se sont mis aux Bronner, Cabernet blanc, Johanniter, Merzling, Pinotin (laissant de côté le Pinotage sud-africain), Regent, Rondo et Solaris. Les premiers résultats semblent positifs. Toutefois ce ne serait pas le cas pour le Cabernet Cortis. Notre viticulture, longtemps restreinte aux blancs, est en passe de devenir plus colorée.

Les Cabernet et Sauvignon en blanc sont en marche de s'associer aux crus acceptés.

Et, fait des plus importants : Les nouvelles cultures sont sans OGM, une révérence envers notre compatriote de souche José Bové !

Les dispositions de 2004 réservent une belle surprise en ce qu'elles interdisent l'irrigation des vignobles, qui fut un des éléments propulseurs de la loi sur le remembrement.

Chapitre 12

Les crémants de Luxembourg

Les crémants de Luxembourg apparaissent avec le règlement adopté par la Gouvernement en conseil du 4 janvier 1991. Il s'insère dans les textes compliqués des règlements CEE, en vue de l'admission du Luxembourg pour un type spécial et contrôlé d'un vin mousseux de haut de gamme. Le règlement communautaire 554/95 ne reconnaissait une appellation qu'au champagne de la Champagne, à l'Asti en Italie et au Cava pour l'Espagne. Ce dernier pays réussit devant la Cour de Justice de l'Union européenne à sauver la désignation de leur « Cremant » pour ceux des mousseux qui l'arboraient avant 1988. (Les motifs de la Cour sont commentés dans la partie ci-après, réservée aux jurisprudences). Nous, de notre côté, on devait alors, en ce moment là, se contenter de la simple mention de la Marque Nationale.

La mention « Crémant » ne fut présentée nulle part pour obtenir la reconnaissance d'une appellation distinctive ou d'une marque. Ces produits restent indiqués comme soit « Vin d'Alsace », « Vin de Saumur », « Vin de Bourgogne » etc. ou « Vin de Belgique » ou d'une désignation similaire autorisée par les règlements communautaires 606 resp. 607/2009. Tout autre pays de l'Ue qui élabore des effervescents conformément aux règles franco-luxembourgeoises du crémant est admis à ce faire. On verra sur le marché p.ex. des « Wein der Mosel-Saar-Ruwer – Crémants Rheinland – Pfalz » (et de ceux-ci on en connaît quelques-uns), de Belgique (et de ceux-ci on en connaît aussi des « Vin des Côtes de Sambre et Meuse – Crémant » ou « Vin de pays des jardins de Wallonie – Crémant »), à la condition que le mot crémant figure en lettres minuscules par rapport au vin d'origine de la région concernée, qui a droit aux caractères plus grands.

Il n'est pas exagéré de dire que le crémant est une méthode d'élaboration dans l'Ue, un générique reconnu qui peut être élaboré dans tous les pays Membres, s'il est produit en consensus avec les règlements franco-luxembourgeois. Ceci explique que la CJUe a limité la survie du « Cremant » espagnol, mais pour quelques années seulement. Toute autre production qui n'est pas élaborée suivant le générique rangera dans la catégorie des mousseux.

Nous aussi, pour les mêmes raisons s'agissant d'un non crémant, on devra se contenter alors des mousseux nobles pourvus de la simple Marque nationale.

En Allemagne chacun des Länder règle sa viticulture, et un jour nous pourrions déguster des crémants du pays de Bade p. ex., quoique pour le moment ceci ne soit pas le cas.

Les italiens, à ma connaissance, avaient fait une tentative pour certains de leurs produits, mais ils n'ont pas rejoint toutes les conditions du générique. Le « Prosecco » est devenu la désignation générale, en théorie il reste réservé à la région de Valdobbiadene, à quelques kilomètres du village de Prosecco. Ce n'est pas un produit qui est super – (pro) sec, mais d'une appellation géographique. Les autres effervescents italiens doivent adopter d'autres suffixes.

En principe la mention Prosecco ne pourrait être utilisée qu'en Italie. Travailler ce produit hors du pays, comme on l'a fait à Trèves pour ajouter du gaz carbonique en vue de fabriquer du Frizzante italiano IGT (jugement commenté plus loin) ne donnerait plus droit à la mention d'origine.

Ceci dit, j'ai des doutes si ce jugement de Trèves pourrait aboutir à la même solution devant un tribunal luxembourgeois. Il n'est pourtant pas interdit aux producteurs d'être inventifs, nous savons à quel point ils le sont. De notre côté de la Moselle nous admirons un vigneron qui, utilisant du Prosecco avec son vin de Moselle commercialise un « Mosecco ».

Des désignations de « Vin pétillant », de « Crémant » ou « Grand Crémant » étaient depuis longtemps courantes dans les régions de France, mais non aussi strictement réglementées. Un pétillant issu d'une deuxième fermentation, des fois gazéifié, est également produit au Luxembourg. Il ne figure pas sur les cartes des bons restaurants.

Ce ne fut pas sans discussions que les crémants français ont été reconnus par la Répression des fraudes et par l'I.N.A.O. comme des vins à deuxième fermentation pouvant se parer d'une appellation d'origine.

L'honneur revint à la perspicacité des vignerons alsaciens, sous l'égide de Monsieur Pierre Dopff, de s'être consacrés systématiquement à l'élaboration d'un vin effervescent à la méthode champenoise, sans pouvoir utiliser cette désignation, désormais réservée aux seuls Champenois et interdite à quiconque d'autre en Europe.

Souvenez-vous que depuis le traité de Versailles et de ses traités annexes la référence à « champagne » ou « champenois » était réservée aux aires de Reims et d'Épernay et interdite aux autres États signataires. Sauf le Luxembourg ! Son mousseux, de deuxième fermentation naturelle en bouteilles, pouvait encore se référer à la « méthode champenoise » ou au « vin champagnisé », jusqu'à l'organisation du marché commun vitivinicole. Réminiscences des temps de l'Union douanière allemande de l'avant première guerre mondiale, et de l'implantation des grandes marques champenoises dans les alentours de la gare de Luxembourg, où « Mercier » arborait son sigle vis-à-vis des trains de la Friedrich-Wilhelm Bahn.

L'élan alsacien à la recherche d'une dénomination propre pour le crémant gagna bien vite le support d'autres aires viticoles en France ainsi qu'au Luxembourg.

Un décret français de 1990 consacra le « Crémant ». Le règlement luxembourgeois du 4 janvier 1991 (modifié le 18 octobre 1996), n'en est qu'une transposition dans notre contexte local. Préalablement, le 18 mars 1988, notre Gouvernement avait déjà réglementé au sujet des vins mousseux nobles (non pas les pétillants) en les acceptant dans l'ordre de la Marque Nationale. Pour leur usage l'abréviation v.m.q.p.r.d. fut utilisée, avec un « m » pour mousseux.

Depuis 1991 la dénomination « Crémant de Luxembourg » est reconnue à ceux des vins mousseux qui répondent à des critères particuliers :

- ils doivent être aptes à donner des v.q.p.r.d. issus de cépages recommandés par la CEE ;
- ils sont élaborés à partir de vins de base tranquilles, déclarés comme tels lors de la récolte comme « vin destiné à l'élaboration de Crémant de Luxembourg » ;
- le titrage alcoométrique de base, avant tout enrichissement, doit être de 8 % vol ;
- ils ne peuvent être issus que de moûts dans la limite de 100 litres pour 150 kg de vendanges ;
- en élimination en principal des vins de rebêche « Scheitermost », qui à la rigueur, par 7 %, peuvent composer un crémant.

Il est présupposé que les raisins sont transportés dans des récipients propres à éviter tout écrasement.

L'élaborateur doit tenir un carnet de pressoir ou de pressurage, un véritable diagnostic de tout ce que contiennent le raisin, le moût, le poids en Oechsle (62 pour faire au moins 8°), et enregistrant en plus la durée de chaque opération.

Le procédé expliqué ci-dessous est relatif à l'élaboration d'un crémant brut-sec.

L'usage de liqueurs de tirage diverses, plus ou moins douces, aboutit à des crémants demi-secs, doux ou à goût américain.

L'élaboration est cadencée :

Première étape, celle de la vinification et de l'assemblage en cuvée, donnant la première fermentation.

Deuxième étape, provocation de la deuxième fermentation, addition d'une liqueur de tirage à 25 gr/litre de sucre et de levures.

Important ! Ce traitement se déroule en bouteille pour qu'une bonne mousse puisse se créer. À partir de la constitution de la cuvée les vins doivent se reposer sur lies et en bouteilles pendant au moins 9 mois, à une température de 12°.

Le tirage en bouteilles ne peut se faire qu'après le premier janvier qui suit la récolte. La mousse devra alors s'être faite à la perfection. Les bouteilles sont dégorgées pour dégager les dépôts en lies et levures.

À la fin, la nouvelle méthode consiste à retourner la bouteille et à faire congeler le goulot afin que les dépôts s'y amassent pour en être retirés. Suit le bouchonnage final.

Finalement la surpression en gaz carbonique doit résulter à 4 atmosphères sous une température de 20°. L'anhydride sulfureux ne devra excéder 150 mg par litre.

Troisième étape, celle du remuage des bouteilles, qui est l'évènement le plus folklorique. Il se fait sur pupitres « Rüttelpulte » et à la main. Il est important de tourner les bouteilles pour éviter que les dépôts ne s'incrustent au fond ou sur les parois de la bouteille. Les nouvelles techniques permettent la même opération par des paniers à bouteilles assemblées, périodiquement remués par des mouvements de la grue qui les tient.

Beaucoup de « Mousseux de Luxembourg » ne remplissent pas les conditions de l'appellation « Crémant ». Bien de ces mousseux sont élaborés par coupage avec des vins français, notamment de la Loire, ou des vins d'Autriche.

La production totale en mousseux de qualité pour l'année 2009 était de 377 100 hl., celle des crémants de 187 955 hl., et celle des pétillants d'environ 6 000 hl (vins étrangers entrés en coupage compris). La campagne 2013 se soldera par une nette progression du crémant. En comparaison la production des vins tranquilles indigènes fut de 124 499 hl. Le calcul s'effectue sur base de la vente d'étiquettes par l'office de la Marque Nationale. L'achat de chaque étiquette coûte son petit prix. Le vigneron étant parcimonieux, le nombre d'étiquettes achetées reproduit presqu'exactement la quantité écoulée sur le marché.

À considérer que la production totale en vins de toutes sortes n'est pas limitée communautairement. Il revient à l'État de déterminer des limites, en fonction de l'année de production et des règlements sur les rendements admis. S'y associent les vins de provenance communautaire importés aux fins d'un coupage.

Les plus grands rendements en vins de la récolte nationale étaient de 256 500 hl en 1982 et de 271 227 hl en 1992, tandis que, avec un *grand merci* aux intempéries, on connut des récoltes de seulement 50 100 hl en 1980, 85 700 hl en 1991 et 74 708 hl en 1997. En ces années les facilités de coupage avec des vins étrangers européens étaient largement pratiquées à raison des 15 % autorisés.

Les Weingärtner autrichiens s'en régalèrent en nous fournissant surtout du « Grüner Veltliner », qui se coupe le mieux avec nos vins de table. Soyons sincères. Un coupage austro-luxembourgeois, même avec seulement 15 % au mélange, n'aurait pas été strictement légal aux yeux de la législation d'alors. Des cépages autrichiens auraient pu être importés pour une commercialisation sous leur nom d'origine. Ceci on ne le fit que rarement. Sous l'effroi de la pénurie de la récolte nationale un œil pouvait-il être fermé ?

L'organisation Crémant a pris corps. Elle se propage en produits et en adhérents. Ces produits sont reconnus et protégés et appelés ensemble : « Les Crémants de France et de Luxembourg ». Aucun autre pays n'a jusqu'ici été admis dans ce club réservé. Apparemment des demandes italiennes, surtout du pays des « Prosecco » et des Asti, n'ont pas été reçues. Des effervescents espagnols de la maison « Freixenet » auraient eu leur chance. Toutefois cette maison produit sous son même sigle, surtout aux États-Unis et dans les pays vinicoles de l'Amérique latine, totalisant la plus grande production mondiale en mousseux haut de gamme. Disséquant la production espagnole par une mention « crémant » spéciale n'aurait pas été dans l'intérêt mondial de cet énorme groupe. J'en ai reçu la confirmation du président du Freixenet même, lors d'une rencontre à Madrid.

Chaque année un concours des crémants français et luxembourgeois rassemble les élaborateurs dans un autre haut lieu vinicole. C'est devenu un événement. Bien sûr avec un podium pour les médaillés. Un malentendu bien fréquent est à redresser. Le concours n'est pas général. Il se déroule séparément pour chaque région. Une récompense en or ne veut, et ne peut pas signifier que le médaillé ait présenté la meilleure cuvée parmi toutes celles présentées au concours. Elle atteste que le produit a obtenu sa mention en comparaison avec les concurrents de sa propre région.

Une petite astuce juridique, due à la circonstance que les crémants de France sont issus d'un décret législatif français, et ceux de Luxembourg d'un règlement de son Gouvernement. Quand c'est le tour de notre pays d'organiser le tournoi du concours, nos amis français doivent prier leur ministre de l'agriculture de faire une entorse à son décret, pour autoriser que ces festivités se tiennent sur un territoire étranger ! Et pourtant membre de l'Union européenne !

Chapitre 13

Les mentions particulières

1. Intermède linguistique

Les pays allemands font bande à part avec leurs appellations spéciales. Notre pays s'est résolument penché vers les désignations françaises, plus précisément alsaciennes. Nos vendanges tardives vous les chercherez en vain de l'autre côté de la Moselle sous une « Spätlese » avec les mêmes attributs légaux que les nôtres. Les vocabulaires ne correspondent pas dans le jargon des œnologues.

Notre plurilinguisme nous amène à traduire vendanges tardives par « Spätlese ». Les spécialistes me corrigent que tel n'est pas le cas. La « Spätlese » est bien un vin de qualité qui se distingue par son volume élevé en « Oechsle » ou « Klosterneuburger » (autre procédé autrichien pour calculer la teneur en « Mostgewicht »), sans être pourtant soumis aux conditions de traitement dictées par notre règlement.

Pour la comparaison. Tandis que sous la collerette de la Marque Nationale nous attribuons l'AOC, les qualifications en Vins classés, Premier cru et Grand premier cru, les distinctions allemandes s'échelonnent de « Kabinett » à « Spätlese » et « Auslese ».

Le vin de glace est bien resté un « Eiswein », mais un vin de paille n'est pas reconnu par leur législation. À l'opposé de l'Autriche, où le « Strohwein » est bien à la fête.

La « Trockenbeerenauslese » vogue dans les parages des vins liquoreux, sans que j'aie le courage de traduire par une sélection de baies égrappées ou égrenées.

2. Retour aux spécialités

Quand l'année était vraiment bonne, propice pour élaborer des vins sans les chaptaliser, l'idée est venue de vendre des « Vins de Messe » au public, bien entendu à prix élevé. L'autorité ecclésiastique n'en fut pas tellement enchantée, alors que par un écoulement mercantile le vin pouvait perdre son caractère sacré. Il devrait rester cloîtré dans la sacristie. Ainsi cette spécialité ne se trouve plus parmi nous, même plus pour les prêtres hors de portée de leur goupillon.

Rares étaient aussi les vignerons, qui, plutôt par amour de la chose, se vouaient à la culture de vins spéciaux « Vendanges tardives », « Vins de glace » ou un peu plus tard encore « Vin de paille ». Quoique le vin de paille n'exigeât pas autant de conditions climatologiques préalables.

Ces élaborations particulières, nos producteurs s'étaient habitués à les abandonner aux collègues alsaciens et allemands. Elles demandent un véritable surplus en soins et travaux, lié à un risque certain de non-réussite.

Mais, la Moselle générant de plus en plus des produits de qualité, devant des consommateurs exigeants, voire sophistiqués, la concurrence européenne et celle du nouveau monde à l'affût d'une clientèle locale qui croit pouvoir se le permettre, notre réaction s'imposait.

Le 8 janvier 2001 un règlement grand-ducal venait fixer les conditions aux spécialités. En vue de la sauvegarde de la qualité, il fallait en rayer la facilité et les abus.

Donc, l'appellation « Moselle luxembourgeoise – Appellation contrôlée » est de mise, comme les autres prescriptions suivantes :

1. les raisins sont récoltés manuellement, ce qui vaut pour les trois spécialités ;

2. les vendanges tardives doivent provenir des Auxerrois, Pinot blanc, Pinot gris, Riesling ou Gewürztraminer avec degrés Oe 95° pour le Riesling et 105° pour les quatre autres cépages ;

   – les vins de glace des Pinot blanc, Pinot gris ou Riesling avec Oe 120° pour ces trois cépages et ils devront être cueillis sous une température d'au moins de – 7 °C ou inférieure, et être mis sous presse, préférablement de façon manuelle, et ceci tout de suite à la cueillette, afin que les grappes soient encore de glace ;

   – les vins de paille des Auxerrois, Pinot blanc, Pinot gris ou Gewürztraminer, avec Oe 130° pour ces quatre cépages, doivent donner un titre alcoométrique volumique minimum de 18 % vol. avec un titre volumique acquis de 13,5 % vol. (remplacé par 12 % vol. par le règlement du 21 juillet 2009) ; en plus les raisins doivent-ils être naturellement desséchés, soit sur un lit de paille ou du matériel adéquat, soit par suspension pendant au moins deux mois ;

3. aucun enrichissement n'est permis ;

4. une déclaration préalable doit avoir été faite à l'Institut, avec l'engagement de fournir l'identification du cépage, de la parcelle et de la date de la récolte ;

5. deux contrôles de la part de l'Institut doivent être subis,

   – avant le pressurage quant à la quantité du raisin et sa richesse en degrés Oechsle ;

   – le lendemain du pressurage quant à la richesse en sucre du moût et au volume total du moût obtenu ;

6. un certificat doit confirmer que préalablement à la vinification le moût est apte à la production.

Des précautions s'imposent. Il faut préserver les grappes restées suspendues bien au-delà de la période des vendanges traditionnelles contre les intempéries et avant tout contre les incursions des oiseaux. En cette mauvaise saison, il ne leur reste plus grand-chose à becqueter. Le grain de raisin leur est une délicatesse. Afin d'y parer les grappes, soigneusement préservées sont enveloppées dans des sachets de plastic.

Ces trois spécialités vineuses renferment leurs aléas, à titre d'exemple :

– que les grappes n'ont pas été bien égrappées laissant des baies en une pourriture non-noble, ou en une pourriture noble (botrytis) trop avancée ;

– que la température du vin de glace ne descende pas au minimum des – 7 °C requis. À ce sujet un stratagème est à bannir, qui consiste à amener un camion frigorifique au vignoble pour y congeler le raisin cueilli, non encore conforme, jusqu'à ce qu'il accuse la température voulue ;

– pour le vin de paille, que son desséchement ne se fasse pas dans des conditions idéales et que des quantités de raisins doivent être détruites.

Ici du moins le prix au consommateur plus élevé est justifié, de € 40 et plus pour la demi-bouteille à 37,5 l.

La production du vin de paille est rare au Luxembourg. Au Jura français avec des vignobles situés au-delà de 800 m, exposés à des intempéries pareilles aux nôtres, ce vin est la spécialité. Très sec, pour d'aucuns un goût légèrement étrange à sa consommation bu à même le verre, il entre dans la faveur des sauciers. Comme aussi le vin jaune de ce terroir.

L'Amarone du Veneto du pourtour de Vérone sort tout à fait différent de son élaboration imprégné de sucre naturel au goût plaisant, parfois trop alléchant pour certains palais. D'autres, et j'en suis, préfèrent le Ripasso, le même moût de base pressé une seconde fois et vinifié avec le même vin au naturel.

Chapitre 14

Initiatives privées

1. Domaine et traditions

L'assaut de Vinsmoselle à la conquête de la suprématie de production, avec, à son origine, une certaine bienveillance politique, à nos yeux justifiée, fut l'occasion pour différents vignerons indépendants, propriétaires des meilleures situations, de regimber. Ils constituèrent entre eux, sur la base d'une charte d'autocontrôle volontaire, le « Domaine et Tradition ». Ils en firent un sigle de qualité à part des qualifications que la commission de la Marque Nationale attribue selon ses propres critères, devenus d'ordre public.

Les fondateurs rédigèrent leur code de conduite en 1988, ici en résumé :

- engagement des membres à respecter les critères, couchés sur acte notarié ;

- déclaration des vignobles dont adhésion, avec obligation d'entretenir un registre portant sur l'entretien d'un espace naturel de culture raisonnée ou de culture biologique ;

- sélection d'une zone climatologique de coteaux exposés exclusivement vers le sud ou le sud-est ;

- âge minimum de la vigne d'au moins 15 ans, (sachant qu'au Luxembourg l'âge moyen effectif est entre 20 à 25 ans) ;

- culture des cépages traditionnels tels que Auxerrois, Riesling, Pinot blanc, Pinot gris et Gewürztraminer ;

- soumission à un contrôle externe du vignoble pendant la période de végétation et avant la récolte, à effectuer par un ingénieur viticole ;

- vendanges vertes et manuelles soumises à un tri sélectif du raisin avant tout pressurage ;

- vinification classique dans le respect de la tradition régionale ;

- tenue d'un registre spécial, confirmation du respect de ces critères (à part ceux déjà requis pour le contrôle obligatoire) et identifiant chaque fût ;

- sélection des vins finis aptes à obtenir la dénomination Domaine et Tradition, par une dégustation aveugle d'oenologues tant internes à ce groupement qu'externes ;

- dégustation obligatoire par la commission d'agrément de la Marque Nationale.

Voici l'exemple d'un membre de Domaine et Tradition cultivant ses vignobles dans la partie Sud de l'aire viticole, souvent gâtée par le climat :

Géologie : marnes keupériennes (une autre partie de l'aire viticole luxembourgeoise étant plantée sur du calcaire conchylien).

Taille effectuée : demi-cercle.

Encépagement : les cinq variétés sus-nommées, en plus, mais en petites quantités, le Chardonnay, l'Elbling et le Muller-Thurgau (Rivaner).

- Vinification : vendanges exclusivement manuelles, excluant tout usage de vendangeuses ou d'autres procédés, chimiques ou non ;
- tris sélectifs en bacs de 25 kg ;
- pressoir pneumatique après éraflage ;
- fermentation et élevage en petites cuves inox thermorégulées.

Respect de la viticulture raisonnée ! Ceci vise à ne pas rejeter systématiquement l'usage de certains produits de traitement de la vigne, mais strictement limité au respect des conditions sanitaires idéales (comme, modération de l'usage du kali, une éradication de kalim et de seulement des mauvaises herbes, avec maintien de celles qui font respirer la terre).

Actuellement Domaine et Tradition compte huit partenaires. Tous les vignerons indépendants n'en sont évidemment pas membres, mais certains n'ont peut-être pas été admis pour n'avoir pas rempli les critères, et également que d'autres ne se sont pas intéressés pour une admission.

Le vigneron type, dans tous les pays que j'ai pu parcourir, les Outre-Atlantiques et Outre-Pacifiques non-exceptés, le Moyen Orient compris, a sa mentalité à lui, spécifique et bien différente des paysans producteurs d'autres fruits de la terre. Il a plus de dévotion pour son produit, plus de jalousie vis-à-vis du voisin, le tout drapé d'une pincée d'orgueil, voire couronné des fois d'un petit grain de suffisance.

Qu'une référence au code civil, voire même au droit romain me soit néanmoins permise. Le code civil fit une distinction fort claire entre l'agriculteur, celui qui devait signer avec « bon pour la somme de ...., lu et approuvé », et le vigneron, qui, comme le vendeur d'huiles végétales, signait sans la nécessité d'un tel manuscrit. D'ailleurs ce ne furent que les vins et les huiles qui se vendaient à la suite d'une dégustation organoleptique préalable ! Et pourtant nos codes se gardaient de leur attribuer le statut de commerçant. Au Luxembourg, lors de la vente de vins en gros, en lots ou à l'encan, cette pratique de dégustation est observée. L'adjudicataire, ayant bien dégusté, reçoit sur le champ une bouteille de contrôle pour pouvoir vérifier à la livraison du lot acquis.

L'apparition de Domaine et Tradition sur le marché national et belge fit l'effet d'une bombe.

Un essai de riposte s'ensuivit.

Des partenaires du Domaine et Tradition arguaient que leurs crus étaient de toute façon des meilleurs, qu'une qualification Marque Nationale ne serait pas pour eux d'une utilité directe. La menace fit ses remous, mais ces vignerons devaient considérer qu'à défaut d'une appellation nationale le droit à l'AOC, concrètement leur distribution vers l'étranger, ne pouvait se faire. Le prix supérieur de leurs crus de qualité ne serait pas réalisable.

2. LES CHARTA

Depuis 1985, et après 1990 par la signature des Accords de Schengen, le nom de ce village viticole signifie liberté de circulation et d'accès aux pays voisins avec un grand pas vers la collaboration économique, au vœu de l'Union européenne.

Et ce lieu n'était pourtant qu'une section de la commune de Remerschen, mais s'imposait par sa renommée internationale. Rien de plus simple pour la cartographie communale d'ériger Schengen en chef-lieu et de dégrader Remerschen en section.

Les vignerons de ces trois frontières sentirent le besoin d'engager leurs viticultures d'autant plus qu'elles datent de plus de deux mille ans, furent souvent unifiées depuis l'Empire romain et des fois cruellement dissociées.

Schengen s'enrichit d'un nouvel accord, la

la première charte de vin internationale, respectueuse des norme A.O.C., signée pour le Luxembourg, par Vinsmoselle et la Fédération du Négoce des Vins, par le Syndicat des Viticulteurs de la Sarre, avec siège à Perl et par le Syndicat des Vignerons de la Moselle Française, avec siège à Metz.

2.1 *L'association sans but lucratif Schengen Prestige*

Elle fut constituée le 12 mars 2008 avec comme fondateurs les entre-prises et syndicats nommés ci-avant.

Il s'agit d'une association aux statuts relativement classiques qui nous incitent à relever :

- le siège est fixé à la Maison Koch à Schengen, très heureusement restaurée par la commune de Schengen/Remerschen ;
- l'objet social : L'association a pour but la collaboration des vignerons des trois régions viticoles suivantes : La Moselle Luxembourgeoise, la Moselle Française et la Moselle Supérieure Allemande. À souligner que cette Obermosel s'étend jusqu'à l'embouchure de la Sure dans la Moselle, englobant une belle partie de vignobles qui ne sont pas de la Sarre, mais du Land de Rhénanie-Palatinat.
- les associés s'engagent au respect des dispositions de la Charta viticole Schengen Prestige par rapport à l'élaboration, la vinifica-tion et le marketing.
- à cette fin l'association est en droit :
- d'effectuer les contrôles des parcelles qui sont inscrites pour la désignation de « Schengen Prestige » ;
- de constituer une commission technique chargée des contrôles et une instance d'appel qui, en cas de litige, statue en dernière instance (*sic*) ;
- de s'assurer de la formation continue et d'organiser des sémi-naires ;
- de tenir des conférences de presse.

2.2 *CHARTA Schengen Prestige*

L'occupation principale de Schengen Prestige Asbl se concentre sur l'organisation et la promotion de cette Charta qu'on peut résumer pour être un organisme constitué spécialement pour réunir des exploitants à titre professionnel ouverts à l'idée d'échanger leurs expériences depuis les vignes, autour des processus de vinification jusqu'aux sollicitations aux foires et marchés. Les mouvements de libéralisation des artisanats vers des coopérations, soit à la production, soit à la vente, et l'appel continuel à des besoins d'argent ont aussi provoqué une ouverture des mentalités.

L'essor des caves coopératives ne fut en rien comparable, s'agissait-il, dans les années vingt, d'aider les petits vignerons au milieu des ravages du phylloxéra ou appauvris à la suite de la crise, alors que dans nos années les producteurs et éleveurs ou négociants, pour ne pas dire qu'ils soient riches, se trouvent peu fortunés, mais devant une science viticole révolutionnée et un marché batifolant.

Les nouvelles viticultures importées sont sur un retour conquérant, concurrents directs des moins grands parmi nous, tandis que des véritablement grands ne savent pas résister devant yens et yuans.

D'où que des charta sont nées et se multiplient.

Actuellement[22] Charta Schengen Prestige compte une bonne dizaine de domaines de viticulteurs luxembourgeois. Il est espéré que les synergies qui en résulteront permettront « de produire un millésime reconnu à l'intérieur et au-delà de leurs frontières. géographiques ».

« Le champenois Nicola Secondé, conseiller viticole pendant des années chez les Vignerons indépendants du Luxembourg, avait en 2006 la charge de lancer encore une offensive de qualité avec le projet Charta. Elle a été réalisée avec la production de 2007 ». Ce groupe des Sept a déjà travaillé dans l'esprit Charta depuis 2006 alors que l'Asbl et le règlement de la mention sont de 2010. Ceci marque le sérieux que ces sept jeunes avec leurs pères et autres membres de leurs familles ont mis à la chose. « Des vignerons qui voulaient changer quelque chose qui osaient quelque chose ! » Les vins Charta demandant trois ans pour gagner le marché, tenez-vous prêts aux dégustations[23] « bien entendu publiques, comme les protagonistes se sont réservé l'avant-goût ».

Ce projet Secondé appartient aux vignerons indépendants.

Les Sept ont eu la merveilleuse idée de nommer leur adhésion à la charte d'après le cépage de la production : « Du vin avec vue – Riesling Ongkâf » Machtum ; « Un artiste peintre dans la famille – Riesling Elterberg » Wormeldange ; « Le Chasseur de Médailles – Pinot gris Kelterberg – Riesling Wousselt « Ehnen ; « Le Pionnier – Bech-Macher Fusslach – Pinot Enschberg « Remich ; « M. Chardonnay – Hohfels » Ahn ; « Trois cousins & le jeune vigneron Max – Le Pinot gris Naumberg » Bech-Kleinmacher ; « L'architecte du vin – Le Pinot gris Naumberg » Ellange-Gare ; et nous concluons avec le président Ern Schumacher pour les Vignerons Indépendants en train de lancer une Charta de leur association : « Nous travaillons déjà tous avec des méthodes de vinification modernes ; c'est dans le vignoble lui-même que nous allons encore nous améliorer, et nous y œuvrons collectivement ».

---

22 Voir : Une appellation de référence pour des crus de qualité. Édité par Schengen Prestige. Aussi : http://www.schengenprestige.eu/fr/a-propos.html.
23 Article Charta Schengen Prestige ; op.cit.

Toute association de vignerons et toute exploitation individuelle peut demander son adhésion. Le comité de gérance décide sans devoir motiver un éventuel refus. Il n'est pas prévu que les adhérents devraient gérer une exploitation située à l'intérieur d'une zone viticole. Ceci combiné à l'Obermosel côté allemand, la conclusion que Charta aurait des velléités d'expansion pourrait ne pas être aberrante. Et pourquoi pas ! Côté Grand-Duché on ne s'est pas cantonné à la Cour de Remich, mais avec extension jusqu'à Wasserbillig et Rosport, sans inviter des exploitants de Wincheringen et le ban de Nittel qui s'enorgueillit pour être « Das grösste Weinanbaugebiet Deutschlands ». Ces confrères de la vigne ont la possibilité d'adhérer à Charta Rheinland-Pfalz ou Saarland (actuellement huit) comme Charta Lorraine est ouverte aux collègues des régions Contz-les-Bains, Petite Hettange et alentours.

2.3 *Les aspirations de Charta Prestige*

a) Et cela commence par la sélection des vignobles et l'inscription des parcelles qui correspondent aux critères Charta, accompagnées d'un extrait du cadastre viticole qui certifie que le vignoble correspond à ces données :

- que l'âge du vignoble dépasse bien 10 ans ;
- que l'exposition de la parcelle est vers Sud-ouest, Sud, Sud-est ;
- que l'inclinaison du vignoble dépasse 15 % ;
- que la grandeur minimale d'une parcelle est de 5 ares, étant admis que le vigneron membre peut procéder à une déclaration partielle de parcelles qui au total ne dépassent pas 15 ares. Pour la parcelle sélectionnée le membre doit se faire délivrer un numéro spécial auprès de l'IVV, ou de l'administration allemande ou française compétente.
- qu'en plus la parcelle est plantée des cépages tranquilles admis, qui sont : Auxerrois. Bourgogne blanc, Bourgogne gris, Riesling, Gewürztraminer, Pinot noir.

Les appellations choisies par le propriétaire, conformes à Schengen Prestige, ainsi que les désignations des parcelles valent pour trois années consécutives.

b) Le rendement de base pour les vins tranquilles : 60 hl/ha ou 9 000 kg/ha.

Le rendement maximal par ha : Rendement de base + 20 % ou 72 hl/ha

Tout dépassement en appelle à être déclassifié.

c) En dehors du respect des critères environnementaux Charta, s'imposent les standards d'une bonne gestion du vignoble.

La participation aux programmes régionaux et nationaux traitant du droit de l'environnement est vivement souhaitée.

Ces critères concernent prioritairement les produits destinés à la protection des plants, les engrais et la gestion des sols au vignoble.

d) Des contrôles par une commission technique et une commission de surveillances sont effectués antérieurement aux vendanges.

La commission technique peut formuler ses recommandations quand elle constate des manquements relatifs aux rendements ou aux états de santé des vignobles ou à la sélection des cépages admis à la culture.

En cas de contestations l'association peut (*sic*) décider la nomination d'une commission d'appel. Dans l'éventualité d'un constat de tels manquements ou des recommandations de la première commission les raisins sont exclus de s'en référer aux désignations distinctives de Charta Schengen Prestige pour la campagne en cours.

Quand une parcelle est déclarée inadmissible pendant deux années consécutives, elle est exclue définitivement.

2.4 *Conditions œnologiques*

a) La vinification doit être organisée dans les sens de chercher et maintenir les arômes spécifiques aux vins. Les textes n'en disent pas plus, ce qui m'amène à supposer que les auteurs n'ont pas voulu interférer dans un domaine où chaque vigneron garde jalousement son propre savoir et sa méthode, comme la cuisinière garde les recettes de ses sauces par-devers elle.

b) Les vendanges et les préparatifs demandent :
– uniquement des raisins muris à un haut degré physiologique ;
– vendanges à mains ;
– transport des raisins dans des récipients d'une contenance maximale de 350 kg ;
– poids Oechsle d'au moins 85° pour les Auxerrois, Pinot blanc et Riesling ;
– poids Oechsle d'au moins 90° pour les Pinot gris, Pinot noir et Gewürztraminer ;
– l'égrappage du raisin blanc avant le pressurisage est conseillé, il est prescrit pour le rouge ;
– macération pour les rouges ;
– préparation du vin selon la méthode classique ;
– titrage alcoolique minimum : blancs 12,0 Vol.-%, rouges 12,5 Vol.-% ;

–   préparation à une tendance « fine et aromatique » sucre résiduel 10 gr/l, sauf Gewürztraminer vers jusqu'à 15 gr/l ;

–   embouteillage des vins, au moins six mois avant leur distribution.

2.5 *Contrôles pendant la vinification*

Ce chapitre règle d'une façon parcimonieuse les diverses étapes depuis

–   la déclaration des vendanges à Charta Schengen Prestige Asbl ;

–   le dépôt d'épreuves du moût au laboratoire de l'IVV ou des instituts allemands ou français compétents ;

–   la remise de trois bouteilles du vin jeune et fini en dégustation au cours des mois de mars à juin par une commission interne, admission du vin à son niveau qualitatif.

En plus, existe-t-il pour le Luxembourg la règle que ces vins aient obtenu l'agrément « Marque Nationale », pour la France la déclaration que les vins ont été élaborés selon les règlementations en vigueur pour les AO-VDQS et pour l'Allemagne l'ajout suivant le « Zulassungsverfahren der amtlichen Qualitätsweinprüfung »[24].

2.6 *Comportements extérieurs communs*

a) La désignation « Charta Schengen Prestige » doit figurer sur les étiquettes de tout vin qui a été agréé.

b) Les bouteilles seront du type Bordeaux. Hauteur 35o mm. Couleur bleu antique.

c) Fermeture, bouchon liège naturel, portant Charta Schengen Prestige comme inscription.

d) Présentation : Étiquette principale. Étiquette au dos. Bouchon. À ce propos, qu'il me soit permis de douter si la deuxième étiquette, resp. collerette peut passer les contrôles à Bruxelles.

Le manifeste Charta abonde encore d'instructions, d'engagements et de tas de choses administratives ou de seconde importance qui peuvent être épargnés au lecteur.

Les finances sont réglées e.a. par une contribution de 1 € par bouteille déclarée

Charta Schengen Prestige est gérée par un comité d'administration. Toutefois, n'est-il pas encore dit qui sera votant, si c'est chez l'Asbl ou les

---

24 Comme ces textes ont été rédigés avant l'entrée en vigueur du règlement 607/2009 sur les nouvelles dispositions OCM, l'une ou l'autre de ces mentions aurait pu être modifiée.

vignerons de la Charte que le scrutin va être lancé, le mode de l'élection de ce comité n'a pas encore été déterminé non plus.

2.7 *Curiosités*

Introduisant les conventions CHARTA, nous avons indiqué sa qualité trans-frontalière. Charta de Schengen est en réalité la première de ce genre dans l'art de la grappe en Europe. Et j'en doute si le Nouveau monde, l'Afrique ou l'Australie puissent faire figure d'antériorité.

Une ASBL Charta Prestige ayant été constituée sous son nom, une protection encore limitée lui est déjà reconnue à Luxembourg. Assurément ses dirigeants auront encore des protections, propres à préserver leur propre rayonnement international.

Les Sept sont flanqués de deux entreprises lorraines du côté gauche du fleuve et de huit éleveurs et producteurs allemands des « Länder » de la Sarre et de la Rhénanie-Palatinat.

La carte ici reproduite est témoin du premier impact sur le territoire lorrain et les terres escarpées des Mosel – Saar – Ruwer et les déclivités plantées de chez nous.

Les documents publiés ne nous ont pas appris, que les vignerons de ces trois pays pouvaient aussi élaborer des crus par voie de coupages transfrontaliers, ce qui nous gratifierait la première et véritable bouteille européenne. Les dispositions du règlement 609/2009 introduisant le nouveau régime de l'OCM viti-viniculture autorisent de tels coupages entre tous les pays vinicoles de l'Ue, à la condition que les États membres donnent leur assentiment.

J'ai, dès sa lecture, conclu que l'intention du législateur européen eut été d'offrir une chance aux vins d'une qualité médiocre de pouvoir ainsi, par le saut dans un coupage, réaliser la vente au lieu de finir ses jours dans un vinaigre anonyme ou, pire encore, dans une distillation obligatoire sans rendement aucun.

Comme nous venons de le constater, le Prestige de Schengen peut nous mener à des hauts degrés qualitatifs par la mise en œuvre de ses nobles principes. Aux fondateurs Charta du coin des trois frontières de commencer par le bon exemple. L'Europe, réunie autour de ces trois frontières, attend cette bouteille de haute qualité.

3. LES PROTECTIONS DE PROPRIÉTÉ INTELLECTUELLE

Pour en savoir encore plus sur nos amis de la hotte, nous avons recherché pour savoir qui a fait protéger son nom ou sa marque sur les registres internationaux. Cet ouvrage n'étant pas le bloc d'une agence de publicité, aucun nom de vigneron ou de société ne sera cité.

Il est su que les trois pays du Benelux ont concentré leurs offices pour noms et marques en un seul office central ouvert à La Haye. Des bureaux de correspondance sont ouverts dans les deux autres capitales.

L'inscription se fait assez facilement et rapidement. Elle accorde la reconnaissance pour le nom et le sigle, l'antériorité ainsi que la protection du nom ou de la raison sociale dans les trois pays.

La demande d'une protection plus étendue se fait le mieux à partir de l'office Benelux au bureau international à Genève où l'on indiquera nominativement les pays pour lesquels protection sera requise.

Les pays Ue ont institué entre eux une protection des marques, moins coûteuse que celle de Genève.

Sur quarante-six entreprises vigneronnes, sept caves coopératives, seize sociétés et Vinsmoselle sont des enregistrés Benelux et jouissent d'une pleine protection dans ce territoire, assurés contre une usurpation.

Par ailleurs, L'Ue a encouragé la formation de « Domaines » qui peuvent couvrir des systèmes commerciaux entiers, ou d'entreprises à petit rayonnage.

En exemple pratique, cliquer le domaine fait ressortir le réseau des vendeurs, revendeurs et agents. Le Grand-Duché a promulgué la loi du 21 décembre 2007 qui englobe des avantages fiscaux non négligeables sur le revenu des entreprises attributaires de droits de Domaines, qui peuvent aller jusqu'à une déduction de 80 % des taxes sur les revenus imposables provenant de l'utilisation du domaine.

À notre savoir aucune entreprise luxembourgeoise du secteur viti-vinicole n'a fait protéger un Domaine par cette méthode.

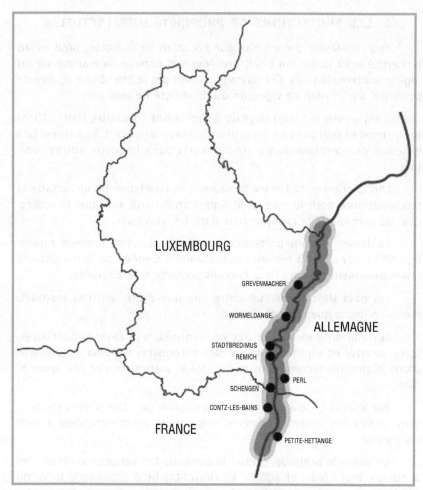

Source : http://www.schengenprestige.eu

Chapitre 15

Vers l'avenir – Incertitudes ?

Bruxelles et Strasbourg ont de nouveau édicté !

La conclusion est proche, que tout ce qui a été développé ci-avant, pourrait être oiseux, historique certes, mais sans suite logique. L'Europe, comme elle le fut à six, plus l'Autriche, est concernée. Les vignerons français en seront les premiers touchés. À lire La Journée Vinicole (29 janvier 2010) et ce bout de phrase de l'association Sève, fédérant les vignerons d'AOC : « L'INAO et les responsables professionnels prennent la responsabilité de mener la réforme des AOC .... à un échec final catastrophique ».

Avertissement de Cassandre ou une larme sur le passé ?

La réforme communautaire abrogera-t-elle sèchement les AOC françaises de 1935 voire de 1905 et leurs classifications qualitatives, dont certaines datent du règne de Napoléon III ? Le glas des v.q.p.r.d. aurait-il déjà sonné ! Dorénavant les viticultures à travers tous les 27 pays de l'Ue ne connaitront plus que des AOP – Appellations d'Origine Protégées, « Weine mit geschützter Ursprungsbezeichnung », en haut de gamme, des IGP – Indications Géographiques Protégées, « Weine mit geschützter geographischer Angabe », en dessous, et sans distinction qualitative, ainsi que les STG – Spécialités Traditionnelles Garanties. Ces dernières concerneront les produits de tout l'agroalimentaire, pommes de terre, aubergines, concombres, prunes et raisins compris, sans faire référence à une provenance géographique, se limitant à leur origine européenne.

Seules les AOP et IGP bénéficieront d'un SIQO – Signe Officiel de la Qualité et de l'Origine, à l'opposé des vins sans indications géographiques. De ces derniers sortira un type de « Vin de Luxembourg », « Vin européen » ou « Vin de la Communauté », moins cher au détail. Outillés pour relever le défi des vins dits du « nouveau monde », ceux qui sont lancés en masse sur nos marchés, en clair les argentins, chiliens, américains, moyen-orientaux comme aussi les africains du sud et les océaniques ? Ou serait-ce une ouverture aux nouveaux pays Membres de l'Est ? Leurs plantations sont énormes, leurs vins n'ont pourtant pas conquis les marchés de l'Ouest comme espéré.

Est-ce un adieu aux vins de pays, pinards, piquettes, crus bourgeois, bouteilles du patron et vins de table ou de région, là où même les v.q.p.d.r. auront perdu leur raison d'être ?

Ou simplement un au-revoir ?

Des opinions allemandes sont de l'avis que les anciennes désignations ne vont finalement pas changer tellement. Les opinions de chez nous sont divergentes.

Du côté des autorités l'optimisme semble régner vers la branche salutaire, qui vise à sauvegarder les acquis du passé par le biais des mentions traditionnelles qui pourraient entrer facultativement dans les nouvelles normes de l'étiquetage. On mentionnera à ce titre la Marque Nationale sous le parapluie des AOP. Pourra-t-on préserver les neiges d'antan en les faisant évoluer dans cette nouvelle ambiance communautaire teintée d'un envol vers plus de libéralisme ?

Les États vont conserver le contrôle suprême, tandis que les groupements de producteurs pourront proposer leurs particularités locales comme des mentions traditionnelles. Bruxelles en décidera comme ultime instance suprême. Sous la houlette plus suprême des juges siégeant au Kirchberg à Luxembourg.

La velléité européenne vise à propager des vins génériques dotés du label du pays producteur : Vin de France, vin d'Italie, vin d'Allemagne, propres à contrecarrer comme tels l'émigration du nouveau monde vinicole. Les grandes nations de l'Ue peuvent encore aller en subdivisions, mentionnant la provenance plus typique de la Bourgogne, du Bordelais, du Veneto, de la Toscane ou des Rioja, Xeres espagnols, du Rhin, de la Mosel-Saar-Ruwer etc. À nous il ne restera qu'un « de Luxembourg ».

Une belle, mais aussi une étrange antinomie en face des rigueurs de l'OMC, des v.d.q.r.d. et AOC de notre Europe viti-vinicole d'il n'y a pas de si longtemps !

Les règlements Ue relatifs aux procédés œnologiques et à leurs restrictions (N° 606/2009) ainsi qu'aux droits à la dénomination et l'étiquetage (N° 607/2009) sont entrés en vigueur au premier août 2009. Aux pays et à tout vigneron individuellement à s'y conformer pendant la période transitoire, qui a expiré au 31 décembre 2011. Période qui est celle de l'élaboration du cahier des charges du terroir indispensable pour les IGP, étape préliminaire pour ceux qui brigueront l'AOP. Période aussi de la mise en place de l'ODG – Organisme de Défense et de Gestion, pour les besoins du contrôle.

Le contrôle des AOP revient aux groupements de producteurs et non plus à l'État ou aux institutions parastatales.

IGP, AOP, STG, SIQO, ODG ! Un nouvel amalgame en majuscules dans l'OMC, propre à étourdir le simple consommateur ancré au zinc du bistrot du coin, même celui qui a sagement trinqué, avec modération.

Les vignerons doivent, pour sauvegarder leur existence et décrocher encore une dénomination protégée, s'évertuer à élaborer ce fameux cahier des charges, établir et démontrer la situation et la délimitation de leur vignoble, son appartenance à une constellation géologique précise, son exposition particulière, le genre de ses plantations et que d'autres choses encore !

Maintes fois des supports cadastraux ou d'autres précisions techniques vont leur manquer. Surtout le récoltant indépendant en souffrira-t-il le plus ! Sera-t-il à même de maîtriser seul ce travail, sans recours à des conseillers techniques ? Et le coût de leurs interventions ! Subsides publics, incontournables !

Un regard sur les thèmes pratiques, pour ce qui concerne la Moselle luxembourgeoise, pourra résulter dans les considérations suivantes :

C'en pourrait être fait de la « Marque Nationale – Appellation contrôlée » et des segmentations en vins classés, premiers crus et grands premiers crus. À moins que la vieille pratique l'emporte, éventuellement confortée par une jurisprudence du TUe et de la CJUe, et que des marques accessoires de qualité restent tolérées. Les règlements prévoient en effet l'usage d'indications facultatives, à côté des nouvelles exigences.

L'incertitude règne. Rien ne prédit que toutes les anciennes appellations contrôlées vont résulter en AOP. Pour le devenir le titrage devra dépasser les 11,50°. Il revient aux États de déterminer un degré supérieur. Un cauchemar pour le producteur qui aura présenté, en vue de la récolte d'une AOP, un vin qui n'atteint pas ce degré. Il est d'office déclassé !

La pratique sera bien différente de celle du passé. Jusqu'ici le producteur déclarait son vin pour passer les épreuves de la commission de dégustation. Même s'il n'obtenait pas de mention, son vin restait sous la Marque avec l'appellation contrôlée. Dorénavant il sera déclassé, son produit dégringolant dans les catégories inférieures.

Retourner à l'IGP ? Ce sigle lui sera inabordable, comme ici le titrage ne peut pas dépasser 11,50°. Des contestations vont pleuvoir. Les colères légitimes des vignerons sont connues pour être redoutables !

Les instances de la Marque Nationale ont déjà décidé de rayer la mention « vin classé » de la liste des mentions qualitatives.

Et l'adage, si cher aux juristes. « Qui peut le plus peu le moins » ! Sera-t-il bafoué ?

L'IGP à son tour dépend de l'agrément du cahier des charges du terroir, examiné d'abord au niveau étatique et scruté ensuite par les instances européennes à Bruxelles. Le côté qualitatif n'y joue plus un rôle décisif.

Au niveau des anciens vins de table les libertés sont plus larges. Dans la nouvelle réglementation, les producteurs allemands veulent y retrouver leurs « Landweine », propres à leurs définitions traditionnelles spécifiques. Pourrait-il en être de même pour les vins de pays en France ?

Au Luxembourg un « vin de pays » comme tel n'est pas entré dans les traditions.

Les vignerons de l'Outre Moselle sont confiants, leurs « Landweine », vins de pays arboreront des IGP. Nos instances penchent du même côté et la France chancèle. Nous sommes renvoyés à E-Bacchus, édition octobre 2010[25] en vertu du règlement CE de 2007 du Conseil, mais les règlements nouveaux sont de 2009.

E-Bacchus semble, selon nos interprétations sauvegarder la Marque Nationale. Pourra-t-elle encore orner la collerette ?

Nous y retrouverons, dans la catégorie des STG (qui comprendraient aussi quelques « Tafelweine » de vis-à-vis de chez nous) les simples « Vins de Luxembourg », sans autres indications, ni de cépage, ni de qualité ni de zone géographique de provenance. De Schengen au sud à Rosport sur la Sûre au nord, toujours la même désignation ! Une réintroduction du vin unique – « Einheitswein », dont nous n'avons jamais voulu ! L'estomac de Nicolas Kieffer, le père de nos vins de qualité, se retournerait, s'il était encore parmi nous.

Les coupages des vins luxembourgeois avec addition d'un vin de l'Ue ne sont pas admis pour porter une référence à Luxembourg. Que des AOP et IGP peuvent se prêter à des coupages transfrontaliers, mais provenant d'une même dénomination protégée ? L'auteur a peur de s'aventurer dans cette discussion, dès maintenant.

Selon les errements européens un « Vin de Luxembourg » ne peut maintenir cette désignation, s'il est coupé dans les mêmes proportions avec un vin (quelconque ?) d'un autre pays de l'Ue. Ils sont pourtant admis comme « vin de la communauté européenne ». Une exception pour un coupage transeuropéen peut être tolérée à la condition que les États Membres s'accordent entre eux, mais pour des élaborations spécifiques avec des produits œnologiques au moins comparables.

L'autorité nationale de chaque Membre doit en donner l'absoute, et finalement qu'il n'y ait pas d'opposition de l'Ue.

Même des pays tiers pourraient-ils entrer modérément dans les mélanges d'un Vin de l'Europe ? Espérances des uns, objections des autres.

Pour les grands pays producteurs la région de la croissance est à indiquer, vin de Bordeaux, de Bourgogne, d'Alsace, de Rhénanie, du Burgenland, de la Toscane, de Porto etc. Notre aire viticole est désignée uniformément par « de Luxembourg ».

Des discussions mouvementées vont animer le Palais Berlaimont. Des Pays Membres dotés d'une viticulture haut de gamme, tout en se pliant aux nouvelles directives, chercheront une issue de sauvegarde pour

25　(http//ec.europa.eu/agriculture/markets/wine/e-bacchus/index.cfm2.ek)

maintenir malgré tout leurs anciennes traditions loyales et constantes. Ils sont confiants de l'avoir trouvé faisant usage des mentions traditionnelles daignées figurer parmi les mentions facultatives de la normative « Etiquettes ». À l'Institut de Remich on compte pouvoir continuer plus ou moins comme auparavant, mentionnant la Marque, faisant déguster la commission et adjugeant les lauriers de qualité.

De 2010 à 2011 le monde viticole européen se trouve bien en besogne pour gagner ces nouveaux sigles. Ça et là des AOP ou IGP se lisent sur les étiquettes. En cette époque transitoire bien d'autres auront encore à pâtir. Trop tôt pour en faire un inventaire pour les viticultures qui nous entourent.

Pour ne pas laisser le lecteur totalement sur sa faim, qu'il se délecte à propos d'un autre produit, intimement lié au vin, les fromages. Comme AOP de la gens des froumigères nous connaissons déjà le Reblochon fermier de Savoie, le Morbier du Jura, l'Abondance de la Haute-Savoie. Ce sont les premiers à s'être conformés.

Je ne puis partager entièrement cette approche d'insouciance vers l'avenir que le E-Bacchus semble propager. Le Luxemburger Wort me donne raison ! Les choses ne resteront plus les mêmes, quand en 2015 la libéralisation des droits de plantation des vignes risquera de noyer la qualité du vin. En 1972 l'organisation commune du marché viti-vinicole nous fit cadeau d'un bien stricte périmètre viticole. Interdiction de planter le moindre cep en dehors de la ligne de démarcation ! Et arrachages forcés !

Les vignobles, vont-ils renaître à Vianden ?

Le Président de l'association des sommeliers d'Europe, Thierry Corona : « On aura des vins standardisés qui perdront leur caractère. Comme certains vins produits aux États-Unis. La force de l'Europe, c'est la qualité et l'identité du terroir. »[26]

Aussi apprenons-nous que les Jeunes Vignerons de France ont trouvé une oreille attentive auprès de Madame Astrid Lulling, qui préside la commission viticulture, fruits et légumes au Parlement européen. Une libéralisation « entraînerait une déstabilisation totale de la viticulture européenne ».

Dans les sens de ces nouveautés européennes un règlement grand-ducal du 15 septembre 2010 procède à la mise à jour de nos pratiques œnologiques applicables à l'AOP « Moselle Luxembourgeoise ».

---

26   Samedi 26 février 2011 : « La qualité du vin menacée » A.F.

À remarquer que n'est appliquée que la désignation « % vol », uniformément. Qu'il n'est plus fait référence aux « degrés – ° » et « vol poids » et autres errements du passé.

Ce règlement grand-ducal abroge la partie des pratiques œnologiques du règlement grand-ducal du 6 mai 2004, qui a été commenté antérieurement dans cet exposé.

Le titre alcoométrique minimum naturel est fixé à 6,5 % vol pour les Elbling et Rivaner et à 7,5 % vol pour les autres variétés à raisin de cuve.

Les vins doivent répondre à des titres alcoométriques totaux pour autant que soit fait usage des pratiques d'enrichissement prévues par les règlements européens (ici, CE n° 491/2009). Ce titre total ne peut en aucun cas être inférieur à 8,5 % vol de base et ne peut pas dépasser :

– vins blancs et rosés sans AOP	11,5 % vol
– vins rouges sans AOP	12,0 % vol
– vins avec AOP	15,0 % vol

L'édulcoration des vins, à supposer qu'elle soit élaborée, est soumise au règlement CE de base n° 479/2008 et n° 606/2009 qui en détermine les modalités d'application.

L'acidité totale ne peut être inférieure à 3,5 g/l de vin exprimés en acide tartrique. C'est cette acidité qui se cristallise en « Wäinsteen ».

Nous épargnons au lecteur les incursions œnologiques dans l'acidité volatile et en anhydride sulfureux, pour éviter qu'il ne s'y perde. D'ailleurs la mention de ces valeurs n'est pas obligatoire pour les nouvelles étiquettes.

Les infractions sont sanctionnées par les peines prévues au règlement grand-ducal du 19 novembre 1974 applicables aux infractions à la réglementation des CE en matière viti-vinicole, commentées ci-après.

Chapitre 16

Les étiquettes

Pour une présentation plus visuelle des vins sous les nouvelles normes, qui à partir de 2012 vont garnir les marchés, il est préférable d'analyser la teneur des étiquettes comme on les admirera à l'avenir (Règlement Ue 607/ 2009).

La réglementation prescrit des indications obligatoires pour tous les crus, qui sont toutes à imprimer en grands caractères. Elle permet des indications facultatives, lesquelles doivent être visiblement plus discrètes, afin d'éviter une confusion avec les mentions d'office. En dehors de ces indications nul autre recours à des suggestions de fantaisie n'est toléré. Même les désignations relatives aux variétés des cépages sur la bouteille ne sont que restrictivement admises, et réservées aux vins haut de gamme. Une autre source de contestations !

Toutes les mentions, qu'elles soient obligatoires ou facultatives, sont à présenter ensemble sur la même étiquette, avec interdiction de réserver des informations pour des bandelettes ou collerettes collées à part.

1. LES MENTIONS OBLIGATOIRES

1. – Pour tous les vins qui ne pourront pas arborer une AOP ou IGP, une désignation générique de « Vin » ou « Pétillant » gazéifié ou non, sera de rigueur.

2. – Les vins de qualité AOP ou titulaires d'une IGP ont à désigner soit leur terroir, soit leur indication géographique.

3. – L'indication du titrage alcoométrique est de rigueur.

4. – a) Les produits vinifiés (vins simples, vins liquoreux, pétillants gazéifiés ou non), dépourvus d'une AOP ou IGP sont à présenter suivis d'une précision telle que :

(i) « ...... produit de (ou produce of) Luxembourg », suivis le cas échéant du nom du pays de l'Ue, voire d'un pays tiers sur le territoire duquel les raisins ont été vendangés ou vinifiés, ou

(ii) « ...vin des Communautés européennes » ou une précision similaire, ou

« ..... coupage de vins provenant de différents pays Membres de l'Ue », voire provenant en partie d'un pays tiers sur le territoire duquel les raisins ont été vendangés ou vinifiés ;

(iii) le mot « Luxembourg », si utilisé dans ce contexte, ne doit pas créer une confusion avec une indication géographique protégée. À ce propos nos autorités feraient bien de doter l'usage de ce mot d'ajouts distinctifs aux fins d'éviter toute confusion concernant l'usage du mot

« Luxembourg », qui est susceptible d'apparaître plusieurs fois en relation avec des significations différentes ;

(iv) quand des vins sans AOP ou IGP demandent la permission de mentionner le cépage et/ou le millésime sur l'étiquette, l'Institut procédera au préalable à un contrôle analytique et organoleptique permettant de garantir la véracité de ces indications.

b) Les mousseux dépourvus d'une AOP ou IGP porteront les indications suivantes :

(i) « Vin de .... élaboré par .... de provenance du pays de......... », et/ou

(ii) « Vin......... élaboré par ...., et à .... en deuxième fermentation ».

c) Les vins reconnus AOP ou IGP se liront :

« Vin de .... vinifié à .... » ou « ... produit de (produce of) Luxembourg », ou une précision similaire équivalente, et de nouveau l'indication du pays des vendanges et/ ou du lieu de la vinification.

5. – Sont à mentionner l'embouteilleur pour les vins, ainsi que l'élaborateur ou le négociant pour les champagnes, crémants ou autres mousseux.

Pour les vins qui ne jouissent pas d'une IGP les références au domaine, à une mise au château, au vigneron embouteilleur, ou à toute autre désignation, qui induirait à croire qu'il s'agit d'une spécialité particulière ne seront plus tolérées.

6. – Le sucre résiduel effectif ne doit pas dépasser de plus de 3 g/litre la teneur imprimée sur l'étiquette.

7. – Les champagnes, crémants, mousseux sont supposés indiquer leurs qualités gustatives, l'addition en liqueurs de tirage et la teneur en grammes/sucre, sous les attributs respectifs : brut naturel, brut, très sec, sec, demi-sec ou doux (goût américain). Est-ce à supposer que l'indication du millésime est admise ? Ou tombe-t-elle dans les mentions facultatives ?

8. – L'indication du contenu.

9. – Le numéro d'attribution de la déclaration à l'Institut.

2. LES PERMISSIONS FACULTATIVES

1. – L'année de la vendange qui jusqu'ici fut une obligation.

2. – Le cépage. Quand le vin est composé à 100 % (sans sucrage) de plusieurs variétés, celles-ci sont indiquées par ordre décroissant de leur consistance.

Quant à des produits sans IGP, la référence ne peut être faite que par rapport à la région, sans suggestion à une qualité générique

3. – Le goût. Le simple vin n'appelle pas à une graduation qui soit spécifiquement demandée. L'indication des degrés en sucre résiduel et de la teneur en acidité restent de mise.

Pour les pétillants il doit être déclaré s'ils sont secs, demi-secs ou doux.

4. – Les AOP et IGP sont admises à maintenir leurs indications traditionnelles quant à leurs modes de vinification, p.ex : vin de barrique, blancs de noir, en fûts de chêne, sur lie, etc. On devra pouvoir aligner des noms devenus fameux, comme les Côtes Rôties, les Zwicker et Edelzwicker, et à ne jamais oublier les légendaires « Liebfrauenmilch » et « Cröver Nacktarsch » de la Basse Moselle allemande, comme les « Heuriger » et « Grinzinger » autrichiens, le « Stierblut » hongrois, le « Vino Santo » italien ou la « Rezzina » grecque. L'Europe est pleine de telles dénominations de charme ou de folklore. Faut-il absolument les éradiquer ?

5. – Les AOP pourront, elles exclusivement, étiqueter des indications géographiques en lettres minuscules, mais précises quant à la contrée, à la localisation exceptionnelle pour l'exposition des vignes, au nom de la commune, voire celui de la section communale.

6. – Seules les AOP et IGP sont admises à indiquer le mode et la technique des embouteillages, que ce soit au domaine, au chai, au château, ou à l'abbaye.

7. – La discussion chauffe autour du coupage rouge/blanc pour en faire du rosé. Une querelle vinique au Bruxelles-Europe aussi vigoureuse que celle linguistique au Bruxelles-Belge !

À nos yeux le différend n'aurait pas dû avoir lieu. Un rosé repose sur sa tradition ainsi que sur un mode de production œnologique bien précis. Mettre un vil coupage à ses côtés au simple motif que la couleur résiduelle pouvait passer d'un noir foncé à un noir allégé, ne mérite aucune considération. Et pourtant Bruxelles a de nouveau réagi par un compromis ! Le coupage peut entrer sur le marché comme Vin de France, d'Allemagne, de Luxembourg voire de la Communauté, mais sans aucune référence à « Rosé » ou « Vin Rosé ». Il devrait indiquer, à notre sens, les vins de base parrains au mixage. De telles malaxations auraient dû être franchement interdites.

Un tel breuvage peut-il être vraiment propre à opposer une puissante barrière aux migrations des vins du nouveau monde ?

3. LES MENTIONS TRADITIONNELLES

Les vignerons, perspicaces comme ils sont, sauront réaliser l'entrefilet aux fins d'intégrer les indications désormais habituelles à l'intérieur des mentions facultatives tolérées. La Marque Nationale va pleurer sa collerette, mais renaîtra comme label de qualité, soit en lettres minuscules sur l'étiquette maîtresse même, soit dans une « contre-étiquette ».

Plus connue en anglais comme « back label », comme si les anglosaxons nous maîtriseraient aussi en matière vinicole, alors que jadis leurs contributions se limitaient à des importations du Portugal, grâce au Methuen Treaty, et de leur ancienne Aquitaine. Et les Mansions ont pu se constituer des meilleures caves.

Ce Back Label sera rectangulaire et va contenir encore pas mal de références que voulut éviter cet accès vers un nouveau libéralisme vinicole.

Dans un même esprit nous assisterons au droit d'initiative de la profession.

Un exemple encore théorique, mais pourquoi pas pratique d'ici peu. Supposons que des éleveurs-récoltants voisins sur un lieu donné, disons la « Koeppchen », se fédéraient pour obtenir une sous-appellation distinctive pouvant arborer ce nom. La législation leur reconnaît ce droit. À l'Institut de donner son avis conforme et à Berlaimont de sanctionner l'entrée au Back Label.

Plus encore, devrait-on pouvoir miser en vue des regroupements transfrontaliers, limités à des incursions en zones étrangères.

Un exemple, aussi théorique, presque très bientôt réel. Le ban de Schengen, ses vis-à-vis en Sarre et à Contz-les-Bains sont des hauts lieux des vins de la gamme des Pinot. Leurs professionnels pourraient se fédérer en un Pinot des Trois Pays (un « Dreiländereckswein »). Les trois pays devraient consentir, chacun individuellement, préalablement à la sanction communautaire. Pour cette contre-étiquette un bon dessinateur pourrait réaliser une merveille.

4. CONSIDÉRATIONS PERSONNELLES

Je confesse être un peu hargneux.

Quelqu'un qui connaît bien le monde des vignerons ne peut cacher son grand regret devant cette nième réforme qui est mise en route.

La viti-viniculture existe depuis bien avant les temps bibliques, comme haut produit, grâce à ses zones géographiques et à l'élaboration humaine, pour la délectation des consommateurs avertis. Ceux-ci étaient bien d'abord des personnages très haut placés. La protection de ces consommateurs entraina une législation de plus en plus stricte, déjà dotée d'un système de répression des fraudes.

Toutânkhamon (XVIIIe. dynastie égyptienne) avait emporté dans sa tombe des amphores qui mentionnaient la variété de la vigne, la désignation du terroir et même le millésime du vin, le nom du propriétaire et celui du maître des chais. Des indications qui ont survécu dans nos étiquettes.

Les Grecs et les Romains suivirent par des législations contraignantes, tout comme le firent les rois de France du Moyen-Âge. Jean le Bon tint à interdire les coupages et à protéger les noms (1350 et 1351), notions précisées par l'édit de Louis XIV en 1673 avec l'interdiction d'ajouter des ingrédients au vin. Philippe le Hardi a introduit la notion de qualité du vin et ordonna l'arrachage du Gamay (!!), le 31 juillet 1395. On n'en finirait pas de citer toutes les lois françaises et allemandes qui suivirent. Les Italiens et les Espagnols sont restés un peu plus pragmatiques, laissant l'initiative à la France. La pièce maîtresse résulte du décret-loi français du 30 juillet 1935 sur les A.O.C. et la constitution du Comité National des Appellations d'Origine.

Et malgré tout cette viti-viniculture du Moyen-Orient jusqu'en Europe s'est faite d'elle-même, très largement par le travail des vignerons et le savoir faire qu'ils ont acquis par la pratique de la houe et de la serpette, s'autocontrôlant et se réglementant eux-mêmes, au-delà des textes, ceux-ci étant essentiellement destinés à la protection du consommateur et à la punition des fraudeurs.

La culture œnologique a grandi par et dans ses propres principes loyaux et constants, dans ses us et coutumes ancestraux, dans ses traditions et dans son éthique. Les nouveaux textes communautaires rajoutent une nouvelle avalanche de réglementations dangereuse pour éradiquer un système d'antan avec une pratique de l'O.M.C. qui fonctionnaient bien.

Qu'est-ce qui nous en restera en 2012 ? À moins que ces vertus humaines et les probités artisanales ne l'emportent sur les articles et les alinéas communautaires !

Chapitre 17

Remembrement des biens ruraux

1. Remarque préliminaire

Un projet de loi visant à une modification importante des normes existantes est déposé au greffe de la Chambre des députés depuis le 4 juillet 2010. Les modifications vraiment importantes sont reproduites ci-après entre parenthèses dans un but informatif. Cette loi n'ayant pas encore été votée notre texte principal se tient à la situation qui est encore actuelle.

2. Considérations générales

Ce fut le 25 mai 1964 que finalement, et non sans heurts politiques, même internes aux partis, et non sans un affrontement avec une majorité des agriculteurs et vignerons, la loi sur le remembrement des biens ruraux reçut l'approbation de la Chambre des députés.

Et pourtant elle mena par la suite aux modifications révolutionnaires de l'article 815 et ss du code civil, qui accordaient aux héritiers agriculteurs et vignerons une garantie de sauvegarde de ceux des domaines ruraux qui restaient affectés à l'exploitation, et ce malgré les anciens principes de partage des indivisions successorales.

Une remarque préalable : Les organismes étatiques chargés de l'exécution de cette loi se sont occupés d'abord des biens fonciers voués à la pure agriculture. Ce ne fut que par après que le défi fut relevé quant aux vignobles. La qualification de « défi » n'est point exagérée. Du côté agricole les difficultés à surmonter furent quelque peu mitigées. Remembrer entre des parcelles de betteraves, de pommes de terre ou de céréales causait certes des soucis, problèmes souvent résolus par des soultes compensatoires, voire à la limite par de nouveaux chemins d'accès susceptibles de subsides gouvernementaux.

L'excitation était naturellement grande, lorsqu'il s'agissait d'échanger des terrains à partir desquels on pouvait augurer qu'ils pourraient un jour être compris dans le périmètre d'aménagement d'un lotissement immobilier. Au Luxembourg ces prix ont fait des bonds qu'une céréale ou une grappe de raisins sont incapables de rattraper.

Des domaines horticoles on n'en parlait pas tant, comme ces propriétés présupposaient des caractères géologiques particuliers. Les horticulteurs étaient moins nombreux, mais bien fortunés. Ils tenaient déjà une majorité de jardins uniformément concentrés, sans nécessité d'être encore remembrés.

La constellation des vignobles est comparable à celle de l'horticulture, certes sujette à des préceptes géologiques et climatiques différents. Nos vignobles ne sont souvent que des lopins (1 300 hectares partagés entre 422 entreprises) dont chaque récoltant est avantagé ou désavantagé par la nature. Certains de ces lopins, de quelques ares seulement, produisent les meilleurs crus, tandis que le voisin, situé sous l'ombre et exposé vers l'ouest, est condamné au simple vin de table. Proposer p.ex. l'échange d'un are de cépage Riesling contre des ares de cépages moins que bourgeois, constituait un litige programmé à l'avance.

Les fonctionnaires chargés du remembrement avaient donc tout intérêt à se pourvoir d'abord en expériences de fait et en jurisprudence en matière purement agricole avant d'approcher les vignerons.

3. LES EFFETS DE LA LOI

Le premier article de la loi de 1964 vise une exploitation « plus économique des biens ». Et voilà où le bât blessait le plus pour les viticulteurs, tous convaincus de la meilleure valeur économique de leurs biens, souvent avec raison.

(Paroles du ministre Romain Schneider à propos du projet de loi 6157, élaboré par les trois ministères agriculture, environnement et intérieur : « Alors que jusqu'à présent le remembrement rural était surtout dicté par des considérations d'ordre économique, toute action de remembrement future devra répondre à un critère de développement durable ». Tant de besognes en plus pour l'ONR.

Cet Office National du Remembrement pourra créer une réserve foncière publique : routes, chemins, rails, eaux, réserves naturelles et lieux de loisirs. La création d'un nouveau cadastre ne va pas tarder.)

A l'exception d'un petit nombre des domaines, les surfaces étaient fort divisées, voire disséquées, les enclaves ni les exclaves ne manquaient. Le bien fondé politique de la loi était évident, créer de nouveaux lotissements aux « formes adaptées aux façons culturales avec des accès indépendants » ..... « par la création et l'aménagement de chemins, de voies d'écoulement d'eau et de travaux d'amélioration foncière, travaux d'assèchement, d'irrigation, de nivellement, de défrichement ». Couchés, des fois juchés en pentes, nos vignobles en avaient bien besoin.

Mais ce qu'on en fit n'a pas été finalement du goût de tout le monde, ni au Luxembourg, ni dans la Basse Moselle allemande où des mêmes procédés étaient d'application, de Trèves à Coblence. Auparavant les pluies ruisselaient par le sol des ceps, descendaient et se dégageaient lentement des coteaux jusqu'à la Moselle, certes, au prix d'une terre souvent humide sinon trempée ! Les nouvelles irrigations, dirigées vers des rigoles centralisées, concentrent l'eau et la font se déverser directement dans la rivière, causant crues et inondations. Les nombreuses écluses, installées lors de la canalisation de la Moselle, se sont avérées impuissantes à contrecarrer le phénomène.

Tous les propriétaires se retrouvèrent en applaudissements quand l'ONR a offert de procéder à des écartements entre les rangées de vignes, à l'effet de permettre les travaux par des tractions directes, mettant le treuil et bien sûr la houe aux oubliettes.

Un remembrement ne peut servir à des spéculations immobilières. Il ne pouvait comprendre que des bâtiments ruraux isolés qui sont des accessoires du fond, sans constituer une annexe d'une installation principale. Concrètement, le législateur a mis fin à une pratique déjà trop développée par laquelle des citadins achetèrent des vignobles, avec vue bien exposée, pour y nicher des refuges de fin de semaine.

En ces temps l'association Prodvigne arrosait les parcelles par hélicoptère avec des pesticides et autres produits protecteurs. D'autres vignerons, en des lieux crevassés, continuaient à vaporiser manuellement. Des citadins fraîchement propriétaires de résidences secondaires à piscines, n'avaient crainte d'assigner en référé, trop soucieux de leur propre bien-être au détriment de la santé de la vigne. Dans la grande majorité des cas les juges furent compréhensifs, les villégiateurs, quoiqu'avec permis, s'y étant implantés sans invitation. Au risque d'hélicos !

(La spéculation ne va-t-elle pas vivre une entrée par la porte de service, car « ne peuvent être incorporés dans un remembrement, qu'avec l'assentiment préalable des propriétaires ....les parcelles qui, en raison de leur situation, peuvent être considérées comme terrains à bâtir – ou à un autre titre, ont une valeur intrinsèque notablement supérieure à celle d'une terre de culture ». Quel agriculteur donnerait facilement cet assentiment, sans négocier ou sans chercher un promoteur ?)

Le remembrement transcommunal est admis. Toutefois en étaient exclus, outre les immeubles classés et les monuments publics : (i) les terrains du domaine privé de l'État et des communes, (ii) ceux appartenant aux fabriques d'église, et (iii) les biens de cure (des douaires). Et vous constaterez qu'au Luxembourg la Révolution française, avec la soumission des curés au serment d'allégeance à l'État, n'est pas encore passée aux oubliettes !

Le remembrement, dans une saine logique, mais sans tenir compte des sentiments voire ressentiments personnels, décrète que « la nouvelle distribution des terres se fera de manière à attribuer à chaque propriétaire une superficie équivalente en valeur de productivité à celle des terres possédées par lui dans le périmètre des biens à remembrer ». (Le projet de loi ajoute : « .... déduction faite de la surface nécessaire aux chemins, voies d'écoulement d'eau, autres surfaces compensatoires et autres ouvrages connexes ». Verra-t-on des experts spécialisés en « compensations » ou en « connexités » à l'œuvre ?)

Ici la contestation est déjà en herbe : « ... il sera attribué à chaque propriétaire des biens immeubles de la même qualité et destinés au même usage ».

Et là où l'esprit critique ne sut s'apaiser, concernait le vignoble lui-même : « La différence en valeur de productivité entre la surface ancienne et celle qui est déterminée par le nouveau levé sera répartie entre les propriétaires, proportionnellement à la valeur de productivité de leurs apports ». Survient l'inévitable notion de soulte. Une compensation en francs contre un cru de caractère en qualité et en titrages ! Sachant que l'État est avide à encaisser l'impôt et connaissant sa parcimonie à décaisser ne fût-ce qu'une soulte, un remembré n'en est pas dupe.

Le remembrement peut s'effectuer de différentes manières

- soit par accord entre les propriétaires, chose qui au début de l'entrée en vigueur ne s'est guère faite, par après plusieurs essais, que ce fut par conviction aidée ou par peur de longues et coûteuses procédures ;
- soit sous forme de décisions majoritaires, ouvrant la porte au régime légal à l'encontre des minoritaires.

4. ORGANISATION ET PROCÉDURES

Il est institué un établissement public nommé Office national du remembrement ONR, composé de huit membres, 5 fonctionnaires et 3 représentants de la profession.

(Le futur ONR sera profondément réorganisé, avec un conseil d'administration de 12 membres, neuf fonctionnaires et trois membres de la Chambre d'agriculture.

Le président doit justifier de conditions d'études prévues pour les carrières supérieures des fonctionnaires. Le personnel propre à l'Office est déterminé par règlements grand-ducaux. Vu l'extension de ses prérogatives une petite administration verra le jour. L'Office a l'autonomie financière, supportant les dépenses relatives aux remembrements. Ses ressources sont constituées : 1° par des allocations budgétaires, et 2° par les montants recouvrés sur les redevables, ce dans des conditions fixées pourtant par l'Office lui-même.

Il est prématuré de s'étendre en ce moment sur plus de détails.)

Les fonctions principales de l'ONR sont la direction des opérations de remembrement, la conception, l'établissement et l'exécution des projets. L'Office peut nommer des assistants et des experts, non fonctionnaires.

(Serait-ce une innovation ? Comme en fait la pratique avait déjà pris cours dans cette direction, par nécessité ? L'Office peut confier l'exécution matérielle des projets de remembrement, outre à d'autres administrations étatiques, à des organismes et bureaux privés ou professionnels, même étrangers. Tous les marchés sont soumis aux conditions générales d'adjudication des travaux et fournitures. L'influence des directives et règlements de l'Ue n'est pas à dénier.)

Cet Office est assisté pour chaque commune d'une commission locale de cinq membres et de cinq suppléants. Trois des membres sont désignés par le collège des syndics, desquels on traitera ci-après, et deux autres sont désignés par le Chambre d'agriculture parmi des personnalités paysannes spécialement compétentes de la région. (Les cinq membres sont désignés, 3 par le conseil syndical et 2 par la Chambre d'agriculture. À noter que cette chambre est venue se substituer au Conseil national de l'agriculture.)

Au Luxembourg toutefois le terme de « région » ne jouit ni d'une définition ni d'une délimitation légalement circonscrites. Le pays est divisé en 112 communes (sans tenir compte des fusions de certaines communes mises en mouvement depuis le début de l'année 2010), 12 cantons et 4 arrondissements électoraux, et pour être précis, seulement deux arrondissements judiciaires.

La mission de cette commission locale est foncièrement consultative : (i) l'assistance aux experts pour le classement et l'estimation des terres ; (ii) l'avis au sujet des réclamations des intéressés ; et (iii) l'assistance lors de l'établissement des projets de lotissement.

5. Adhésion à une association syndicale

La loi (de 1964) constitue d'office les propriétaires, nus-propriétaires et usufruitiers en associations syndicales. Aux yeux du législateur ce fut une trouvaille légale pour mieux pouvoir dissuader les récalcitrants. Les syndicats agricoles sont en principe des associations libres fonctionnant à la majorité, constituées sous seing privé à notifier à l'autorité communale. On les utilisait de préférence pour créer des chemins syndicaux propres à éliminer des enclaves, ou encore là où un besoin temporaire d'exploitation se faisait sentir. Ici un syndicat du remembrement est né, imposé de plein droit, l'adhésion étant forcée. Sa mission est de « conseiller » l'organisme chargé du remembrement, ainsi que les propriétaires. Ceux qui ont creusé la matière se sont demandés, à bon escient, qui conseillait qui ?

Les syndicats, tels que réglementés par la loi de 1964, se connaissent une assemblée générale et un collège de cinq syndics au moins. Ils peuvent ester en justice et accomplir tous actes de disposition sur des biens situés dans leur périmètre. Ces droits englobent la dation et la prise d'hypothèques et, tant la concession, que l'abandon de tous droits réels inhérents aux biens. De personnes privées !

Leurs opérations se font sous la houlette de l'Office omniprésent ! Certains articles relatifs à ses droits sont significatifs :

L'Office est chargé de la communication aux intéressés, mais « .... nul ne peut se prévaloir du fait qu'il n'aurait pas reçu de notification » !

Et, « .... l'omission des intéressés, qui ne se sont pas fait connaître avant la clôture de la consultation, n'est pas une cause de nullité de l'enquête. Aucun recours n'est ouvert .... pour défaut de réception de la convocation » !

Et encore, lors des assemblées les intéressés qui ne comparaissent pas ou ne se font pas représenter, ainsi que ceux qui s'abstiennent « sont censés acquiescer au remembrement » !

En plus, le remembrement, malgré le fait qu'il ait été voté par les ayants droit, dépend d'un règlement d'administration publique, qui « décide, s'il y a lieu, de donner suite au projet de remembrement adopté par l'assemblée générale » !

Finalement les ministres de tutelle, ceux de l'agriculture et de la viticulture (... et du « développement rural » viendra s'y ajouter), ont, quand le torchon brûle, encore leur mot à dire. Quand ils ne peuvent le faire par la voie directe, un règlement d'administration publique volera à leur secours.

Je ne voudrais quand même pas que l'on se méprenne sur mon attitude critique à l'égard de ces diverses formulations. À certaines occasions j'ai été bien placé pour connaître le côté délicat de cette matière, ainsi là où des propriétaires, cultivateurs de leurs terres, bien souvent de générations en générations, se voient acculés à des obligations de vente ou d'échange par une autorité imposée, quasiment à l'exclusion de leur propre arbitre ! Des réactions, même véhémentes ne pouvaient manquer, et ce malgré le constat que les morcellements s'étaient accrus à un point tel que cette loi devint inévitable en 1964. Une main-forte était donc indispensable pour l'exécuter.

6. Procédures

Ceci n'enlève rien à la lourdeur de ces institutions et procédures. Aurait-ce été fait pour confondre le particulier dans ce dédale, le décourager d'utiliser des voies de recours ?

Les procédures que le particulier doit affronter pour aboutir au remembrement qui pourrait lui convenir sont surabondantes. Chaque pas est à maîtriser par la voie administrative d'abord, et judiciaire ensuite. On doit avoir le souffle long.

Par ailleurs est-il extrêmement difficile de convaincre un homme de la terre que pour remembrer il doit être disposé à faire aussi des concessions.

Je veux épargner à notre lecteur les méandres de la procédure. Au législateur on ne peut reprocher de ne pas avoir respecté le principe du contradictoire, à chaque mouvement, mais vu à travers ses lunettes.

Du remembrement conventionnel il y a peu de choses à dire. L'Office s'offre dans la loi même en guide et expert à conviction, jusqu'à l'accord bénévole et sa constatation, notariée ou non.

Le remembrement légal – d'aucuns le disent de main-forte – commence par le classement et l'estimation des terres, d'abord par le relevé du pristin état, et ensuite par la valeur d'estimation des biens à remembrer. Une enquête fournit l'indication des parcelles à échanger, ainsi que des valeurs à attribuer.

Un recours est ouvert devant le juge de paix qui, dans un grand nombre de cas se permet de consulter un expert indépendant. Mais attention ! Ce juge statue ici en dernier ressort, sauf opposition par d'éventuels défaillants. Je n'ai pas de connaissance d'une affaire qui aurait été portée à un degré supérieur. Une lésion du droit au second degré en serait probablement sortie. Dans les années postérieures à 1964 le Luxembourg n'avait pas encore de Cour constitutionnelle. Celle-ci a siégé la première fois le 06 mars 1998. À cette date le gros des remembrements était chose faite.

Suivent les différentes étapes du développement, avec chaque fois le juge de paix comme première instance. Et pour toutes ces instances là, le recours à l'appel est ouvert.

Quand le plan du remembrement final est disponible, les réclamants qui n'ont pas trouvé l'oreille de l'Office, ou ceux qui se sentent lésés à la suite des réclamations utilement introduites par d'autres participants, peuvent s'en remettre au juge de paix. Ils peuvent contester devant lui les nouvelles attributions des surfaces, les montants des estimations, des soultes ou des éventuelles plus-values ou moins-values, ainsi que le report des droits réels.

Une disposition étrange est à relever, en matière de contestation portant sur le choix de l'emplacement des parcelles : « Ce recours ne sera considéré comme étant justifié que dans le cas où la nouvelle situation est considérablement moins favorable que l'ancienne ». Justice plus attributive que distributive !

7. LA CLÔTURE D'UN REMEMBREMENT

Les conséquences d'un remembrement se résument dans l'abornement et la confection des plans définitifs par les soins de l'Office.

À titre exceptionnel, « afin d'éviter des préjudices économiques », l'Office peut décréter « la mise en possession provisoire des nouvelles parcelles avant la réception de l'acte de remembrement ». En cas de contestation le juge de paix redevient compétent.

Quand toutes les procédures sont terminées, la loi prévoyait initialement que l'acte de remembrement serait dressé par notaire. Le notaire fut remplacé par la suite par l'Office du remembrement lui-même. Il suffisait qu'il fut signé par le président ou son remplaçant et trois autres membres au moins. La signature individuelle de chaque participant n'est pas requise. Il est facile de deviner pourquoi, comme il peut y avoir toujours des récalcitrants jusqu'à la dernière heure. À défaut d'une telle disposition légale, une toute autre procédure civile en constatation d'acte aurait dû commencer, jusqu'à un jugement définitif de la reconnaissance et de l'entérinement de l'acte de remembrement.

Aurait-on eu peur que si un notaire était intervenu, celui-ci aurait pu soulever des questions de droit incommodes ?

Cet acte de remembrement, qui n'a donc plus besoin d'être notarié, « forme titre du droit de propriété et des autres droits réels et de créances qui y sont réglés ».

Sont nulles et de nul effet toutes les transcriptions opérées par un ancien propriétaire pendant la période du remembrement.

Tous les actes de remembrement ne sortiront leurs effets que par leur transcription au bureau des hypothèques de la situation des biens. Quand les parcelles attribuées sont situées dans un ressort hypothécaire autre que les parcelles abandonnées, l'acte de remembrement est transcrit, le même jour, dans les différents bureaux hypothécaires.

Tous les frais des opérations de remembrement sont à charge de l'État. L'enregistrement, la transcription des actes ainsi que les opérations sur hypothèques sont exempts de tous droits, taxes, timbres, droits et salaires sur hypothèques.

Une section entière de la loi est réservée aux reports des droits réels et des baux.

Les droits réels, pour autant qu'ils subsistent et n'auront pas été confondus par l'effet du remembrement, emportent une subrogation au profit des nouveaux titulaires.

Les baux de fermage relatifs à une exploitation remembrée, sauf accords particuliers, sont en général reportés de plein droit, et ce sans indemnité ni pour le preneur ni pour le bailleur, du fait que la superficie a été augmentée ou diminuée.

Les baux relatifs à des parcelles remembrées sont résiliés de plein droit.

Un dernier regard sur l'évolution en pratique montre une recrudescence initiale du nombre des réclamants, puis leur assagissement progressif jusqu'aux accords volontaires, dus aux complications procédurales et à la résignation finale.

À un certain moment les coteaux le long de la Moselle et de son affluent la Sûre se trouvèrent en pleins travaux d'irrigation et de nouveaux endiguements. La beauté initiale d'un paysage bien plus pittoresque n'en a pas tiré profit. Le ralliement des vignerons s'est cependant fait, même si c'était de mauvais gré. Le temps passant, ceux qui avaient râlé ne font plus que railler.

Chapitre 18

Successions et indivisons des exploitations

Les anciens articles 815 et 832 du Code Civil, qui garantissaient à tout héritier le droit de sortir de l'indivision successorale, ont connu des métamorphoses tant en droit français et belge que luxembourgeois avec le dessein de sauvegarder des exploitations agricoles. On consultera les lois du 9 juillet 1969, 12 mars 1982, 22 juin 1984, 5 avril 1989 et 8 avril 1993 ainsi que le règlement grand-ducal du 3 août 1989.

À noter que le Luxembourg ne fait guère de distinction entre l'agricole et le viticole, ce qui n'est pas le cas pour la France.

Les mêmes règles prévalent tant pour l'un que pour l'autre. Les petits vignerons, souvent membres des caves coopératives, soignent des cultures bicéphales.

Selon l'**article 815-1** du Code Civil « A défaut d'accord amiable, l'indivision de toute exploitation agricole constituant une unité économique viable, et dont la mise en valeur effective était assurée par le défunt ou par son conjoint, peut être maintenue, dans les conditions fixées par le tribunal, à la demande des personnes visées aux alinéas qui suivent ».

Conditions de mise en œuvre :
- l'exploitation agricole doit constituer une unité économique viable ;
- la mise en valeur effective était assurée par le défunt ou par son conjoint ;
- l'exploitation comprend des éléments dont le successeur ou le conjoint était déjà propriétaire ou copropriétaire avant l'ouverture de la succession.

Le maintien peut être demandé :
- en présence de mineurs du decujus : par le conjoint, des descendants majeurs, ou le représentant légal du/des mineur(s) ;
- en l'absence de mineurs du decujus : uniquement par le conjoint à la condition qu'il ait été avant le décès ou par le fait du décès copropriétaire de l'exploitation agricole.

Durée de l'indivision :
- 5 ans renouvelable jusqu'à la majorité du plus jeune des descendants, en cas de présence de mineurs ;
- 5 ans renouvelable jusqu'au décès du conjoint survivant, en cas d'absence de mineurs.

1. L'ATTRIBUTION PRÉFÉRENTIELLE

L'article 832-1 du Code Civil prévoit l'attribution préférentielle pour le conjoint survivant ou tout héritier copropriétaire.

La teneur de l'article est la suivante : « Le conjoint survivant ou tout héritier copropriétaire peut demander par voie de partage, au plus tard endéans une année à partir de l'introduction de l'action de partage, l'attribution préférentielle, à charge de soulte s'il y a lieu, de toute exploitation agricole constituant une unité économique viable, même formée pour une part de biens dont il était déjà propriétaire ou copropriétaire avant le décès, à la mise en valeur de laquelle il participe ou a participé effectivement, la condition de participation pouvant, dans le cas de l'héritier, avoir été ou être remplie par son conjoint ».

Le 5ᵉ paragraphe de l'article 832-1 précité permet également l'attribution préférentielle de l'ensemble des éléments mobiliers nécessaires à l'exploitation d'un bien rural cultivé par le défunt à titre de fermier ou de métayer, lorsque le bail continue au profit du demandeur, ou lorsqu'un nouveau bail continue et est consenti à ce dernier.

L'attribution préférentielle n'est pas exclusive pour un successible mais peut être demandée de manière conjointe par plusieurs successibles.

Conditions de mise en œuvre :
– une exploitation agricole constituant une unité économique viable ;
– l'action doit être exercée endéans un délai d'un an à partir de l'introduction de l'action de partage ;
– le conjoint survivant ou un autre successible doit avoir participé ou participe à cette unité économique ;
– l'action doit être demandée par un ou plusieurs successibles ;
– à défaut d'accord amiable, l'action devient judiciaire, et sera de droit dès que les conditions légales seront remplies.

2. LE CAS PARTICULIER DES ARTICLES 832-2 ET 832-3 DU CODE CIVIL

Il est possible, en dehors des deux cas cités précédemment, pour le conjoint survivant ou tout autre successible copropriétaire d'opter pour la solution intermédiaire, à savoir d'être déclaré comme « attributaire préférentiel ».

Conditions de mise en œuvre :
– l'exploitation agricole constitue une unité économique viable ;
– cette dernière n'est pas maintenue en indivision ;
– cette dernière n'a pas fait l'objet d'une attribution préférentielle ;
– le conjoint survivant était déjà propriétaire ou copropriétaire de biens de l'exploitation agricole avant le décès du decujus ;

- la même condition est requise de la part des autres successibles, et le conjoint de ces derniers peut avoir rempli cette condition de participation.

Régime :
- le conjoint survivant ou tout autre successible copropriétaire peut exiger que lui soient attribués à titre préférentiel, à valoir sur ses droits, les bâtiments de l'exploitation y compris le cheptel mort et vif ;
- les bâtiments et le cheptel sont évalués à leur valeur vénale ;
- le surplus de l'exploitation est partagé en nature suivant le droit commun.

En cas de pluralité de demandes d'attribution à titre préférentiel, le tribunal désigne après saisine le bénéficiaire en fonction des intérêts en présence et de l'aptitude des différents postulants à gérer l'exploitation, et à s'y maintenir. Le tribunal peut rejeter de telles demandes si les intérêts des cohéritiers risquent d'être compromis.

Le droit de préemption :
- l'attributaire préférentiel des bâtiments bénéficie, au cours des dix années qui suivent le partage, d'un droit de préemption sur les immeubles de l'exploitation agricole mis dans le lot de ses cohéritiers ou sur ceux échangés contre de tels immeubles ;
- au cas où le cohéritier de l'attributaire préférentiel vend tout ou partie des immeubles précités, cette vente doit, à peine de nullité, être faite par adjudication publique. L'attributaire préférentiel doit, à peine de nullité de cette adjudication, y être convoqué par l'officier ministériel chargé de la vente, par lettre recommandée avec accusé de réception, au moins cinq jours avant la date de l'adjudication. Il dispose d'un délai de cinq jours après l'adjudication pour faire connaître à l'officier ministériel chargé de la vente, la décision de se substituer à l'adjudicataire aux mêmes prix et conditions ;
- le bénéficiaire du droit de préemption fait connaître cette décision par exploit d'huissier, qui est annexé au procès-verbal d'adjudication. L'attributaire préférentiel peut faire connaître sa décision également par déclaration faite devant le notaire instrumentaire, qui acte cette déclaration à la suite du procès-verbal d'adjudication. Lorsque l'attributaire préférentiel s'est substitué à l'adjudicataire, l'adjudication vaudra purge ;
- le droit de préemption de l'attributaire préférentiel s'exerce également en cas de vente par voie parée, par saisie immobilière ou sur faillite.

Le droit de priorité :

- en cas de location des mêmes biens visés par le droit de préemption, l'attributaire préférentiel bénéficie, au cours des dix ans qui suivent le partage, d'un droit de priorité pour prendre à bail lesdits biens ;
- avant de consentir la location des immeubles de l'exploitation agricole mis dans son lot, le copartageant de l'attributaire à titre préférentiel des bâtiments notifie à ce dernier le prix et les conditions du bail projeté. L'attributaire préférentiel dispose d'un délai d'un mois à compter de la réception de la notification pour accepter le bail aux prix et conditions proposés.

3. Jurisprudence

3.1 *Tribunal d'arrondissement de Luxembourg, 29 octobre 1982*

« Lorsque deux époux mariés sous le régime de la séparation des biens ont créé entre eux une indivision par l'acquisition de meubles ou d'immeubles, chacun d'eux peut, en principe, demander à tout moment le partage des biens indivis sans devoir attendre la dissolution du mariage ».

« S'ils sont cependant propriétaires indivis de l'immeuble qui assure le logement familial, aucun d'eux ne peut en demander le partage judiciaire, la faculté de demander la partage étant, dans ce cas, subordonnée à sa conformité avec l'intérêt de la famille ». (X.e. art. 815 CCiv)

3.2 *Cour d'appel de Luxembourg, 13 octobre 1983*

« S'il n'est pas nécessaire que le droit de copropriété de celui qui demande l'attribution préférentielle d'une exploitation agricole viable porte sur l'exploitation entière, encore faut-il au terme de l'article 832.1 du Code Civil, que le demandeur en attribution préférentielle soit propriétaire de la partie des biens qui ne dépend pas de l'indivision, sans qu'on puisse prendre en considération, pour évaluer l'importance de l'unité économique constituée par l'entreprise agricole, ceux dont il est seulement locataire ».

3.3 *Cour de Cassation, 18 mai 1995*

« .... le bénéfice de l'attribution préférentielle prévue par l'article 832-1 3° du Code Civil ne peut être concédé lorsqu'un tiers, qui n'est pas héritier de la masse à partager, est propriétaire par indivis des biens réclamés ».

3.4 *Cour d'appel de Luxembourg,*
20 février 2002

« .... il n'y a lieu à partage que s'il y a indivision entre droits de même nature. Le droit d'usufruit et le droit de nue propriété étant des droits de nature différente, il ne saurait y avoir d'indivision entre l'usufruitier et le nu-propriétaire ».

3.5 *Cour d'appel de Luxembourg,*
15 janvier 2003

« .... il y a incompatibilité entre partage d'ascendants et attribution préférentielle en ce sens que, en raison du caractère définitif et irréversible de la donation partage, et en raison de la transmission immédiate des biens en faisant l'objet, une demande en attribution préférentielle ultérieure ne se conçoit pas ».

3.6 *Cour constitutionnelle, 25 mai 2007*

« L'attribution préférentielle des exploitations agricoles n'est pas conforme respectivement à l'article 10bis de la Constitution et aux articles 14 de la Convention Européenne des droits de l'homme et le 1er Protocole additionnel ».

Le 25 mai 2007 la Cour constitutionnelle eut à connaître d'une question préjudicielle du tribunal d'arrondissement de et à Luxembourg où trois copartageants invoquèrent l'incompatibilité des articles relatifs à l'attribution préférentielle à deux autres frères au regard de l'article 10bis de la Constitution du Grand-Duché, celui qui consacre l'égalité des Luxembourgeois devant la loi. L'enjeu du litige tourne autour de la disposition qu'en principe l'attribution est estimée à la valeur de rendement agricole au jour du partage. Les attributaires ont vendu l'immeuble dans les dix ans au prix vénal, évidemment supérieur. Sur base des considérants ci-après la Cour a dit pour droit que l'article 832-1 (8) à (11) du Code Civil, en combinaison avec l'article 832-4 n'est pas conforme à l'article 10 bis de la Constitution.

Enoncé des motifs :

« Considérant qu'aux termes de l'article 10bis (1) de la Constitution "Les Luxembourgeois sont égaux devant la loi" ;

Considérant que la mise en œuvre de la règle constitutionnelle d'égalité suppose que les catégories de personnes entre lesquelles une discrimination est alléguée se trouvent dans une situation comparable au regard des mesures critiquées ;

Considérant que la situation des bénéficiaires de l'attribution préférentielle par rapport à celle des copartageants qui en sont exclus est comparable de par leur vocation d'attributaire dans un partage ;

Considérant que le législateur peut, sans violer le principe constitutionnel de l'égalité, soumettre certaines catégories de personnes à des régimes légaux différents à la condition que la disparité existant entre elles soit objective, qu'elle soit rationnellement justifiée, adéquate et proportionnée à son but ;

Considérant que l'estimation selon la valeur de rendement agricole au jour du partage qui est d'après les travaux préparatoires de la susdite loi inférieure à la valeur vénale, à savoir "approximativement la moitié de la valeur vénale" et "une valeur notablement inférieure à trois quarts de la valeur réelle" (doc. parl. n° 1264 : rapport de la commission spéciale, p. 4 ; avis du Conseil d'État, p. 4), combiné à la possibilité d'un partage supplémentaire, telle que prévue à l'article 832-4 du code civil, crée une disparité entre les bénéficiaires de l'attribution préférentielle et les copartageants non attributaires ;

Considérant que l'objectivité de la disparité réside dans le fait que les copartageants bénéficiaires de l'attribution préférentielle doivent remplir les conditions légales énoncées à l'article 832-1 sub 3 et 7 du code civil, c'est-à-dire participer ou avoir participé effectivement et personnellement ou par leur conjoint en cas de succession à la mise en valeur de l'exploitation agricole et être les plus aptes à la gérer et à s'y maintenir ;

Considérant que l'attribution préférentielle de l'exploitation agricole à un ou plusieurs copartageants introduite par la loi du 9 juillet 1969 ayant pour objet de modifier et compléter les articles 815, 832, 866, 2103 (3) et 2109 du code civil a pour but d'éviter que les exploitations agricoles ne soient morcelées à l'occasion des partages en les préservant comme unités de production viables et de permettre à ceux qui les reprennent de les acquérir à des prix économiquement justifiés dans l'intérêt général de l'agriculture et de sa compétitivité au sein du marché commun ;

Considérant que l'évaluation des biens faisant l'objet de l'attribution préférentielle à une valeur moindre que la valeur du marché combinée avec la faculté de procéder à un partage supplémentaire en cas de situation nouvelle répond en principe au but recherché et est rationnellement justifiée ;

Considérant cependant que l'estimation des biens alloués à leur valeur de rendement agricole au jour du partage, telle qu'exposée ci-dessus, ensemble la limitation de la faculté de procéder à un partage supplémentaire dans les délais déterminés par la loi au seul cas de la vente des immeubles sans prendre en considération toute autre hypothèse d'aliénation ou de désaffectation, crée une disproportion entre les bénéficiaires de l'attribution agricole et leurs copartageants ;

Considérant dès lors que l'inégalité instaurée par l'article 832-1 (8) à (11) du code civil, en combinaison avec l'article 832-4 du même code, se heurte aux dispositions de l'article 10 bis de la Constitution ».

Chapitre 19

Jurisprudences viti-vinicoles et du négoce

1. Méthodologie

Malgré que l'Ue compte 27 États membres, je limiterai les présentations à la France, l'Allemagne et l'Italie, sans oublier les 1 300 hectares du Luxembourg.

Leurs peuples représentent en même temps les nations qui sont à l'origine de notre culture du vin et de ses traditions, quoique statistiquement certains pays, comme l'Espagne et la Slovénie, disposent d'étendues vinifères très importantes.

Le lecteur est invité pour comprendre que, et pour autant que notre pays est concerné, les rares jurisprudences le sont sans l'indication d'un nom patronymique.

Ce pays est tellement petit qu'à l'intérieur des professions chacun connaît chacun, et en présence de vignerons, chaque consommateur connaît son ou ses producteurs.

À titre de curiosité la jurisprudence helvétique fera quelques apparitions au cours des jurisprudences des principaux pays de l'Union européenne, et vous découvrirez que les magistrats de ce pays ont appris comment appliquer leurs propres lois tout en jugeant comment l'aurait fait un juge de nos ordres.

Pour permettre à nos lecteurs une compréhension plus rapide des cas judiciaires qui sont exposés, l'évolution des grandes décisions agricoles et viticoles dans le marché commun, de la CECA par les CEE, CE, en direction de l'UNION sont rappelées à leur mémoire. Il sera de ce fait plus aisé de connaître l'environnement législatif et politique qui alors entourait les cours et tribunaux.

1.1 *Tableau des plus importantes législations de l'Ue en vigueur*

1.1.1 Règlements de base

1) Règlement (CE) n° 491/2009 du Conseil du 25 mai 2009 modifiant le règlement (CE) n° 1234/2007 portant organisation commune des marchés dans le secteur agricole et dispositions spécifiques en ce qui concerne certains produits de ce secteur (règlement « OCM unique ») (Publication JO L154 du 17.06.2009) ;

2) Règlement (CE) n° 479/2008 du Conseil du 29 avril 2008 portant organisation commune du marché vitivinicole, modifiant les règlements (CE) n° 1493/1999, (CE) n° 1782/2003, (CE) n° 1290/2005 et (CE) n° 3/2008, et abrogeant les règlements (CEE) n° 2392/86 et (CE) n° 1493/1999 (Première publication JO L148 du 06.06.2008) ;

1.1.2 Règlements d'application

1) Règlement d'exécution (UE) n° 670/2011 de la Commission du 12 juillet 2011 modifiant le règlement (CE) n° 607/2009 fixant certaines modalités d'application du règlement (CE) n° 479/2008 du Conseil en ce qui concerne les appellations d'origine protégées et les indications géographiques protégées, les mentions traditionnelles, l'étiquetage et la présentation de certains produits du secteur vitivinicole (Journal Officiel L 183, 13.7.2011, p. 6-13) ;

2) Règlement (UE) n° 538/2011 de la Commission du 1er juin 2011 modifiant le règlement (CE) n° 607/2009 fixant certaines modalités d'application du règlement (CE) n° 479/2008 du Conseil en ce qui concerne les appellations d'origine protégées et les indications géographiques protégées, les mentions traditionnelles, l'étiquetage et la présentation de certains produits du secteur vitivinicole (Journal Officiel L 147, 2 juin 2011, p. 6-12) ;

3) Règlement (UE) n° 772/2010 de la Commission du 1er septembre 2010 modifiant le règlement (CE) n° 555/2008 fixant les modalités d'application du règlement (CE) n° 479/2008 du Conseil portant organisation commune du marché vitivinicole, en ce qui concerne les programmes d'aide, les échanges avec les pays tiers, le potentiel de production et les contrôles dans le secteur vitivinicole (Journal Officiel L 232, 02/09/2010 p. 01-03) ;

4) Règlement (CE) n° 702/2009 de la Commission du 3 août 2009 modifiant et corrigeant le règlement (CE) n° 555/2008 fixant les modalités d'application du règlement (CE) n° 479/2008 du Conseil portant organisation commune du marché vitivinicole, en ce qui concerne les programmes d'aide, les échanges avec les pays tiers, le potentiel de production et les contrôles dans le secteur vitivinicole (Journal Officiel L 202, 04/08/2009 p. 05-15) ;

5) Règlement (CE) n o 607/2009 de la Commission du 14 juillet 2009 fixant certaines modalités d'application du règlement (CE) n o 479/2008 du Conseil en ce qui concerne les appellations d'origine protégées et les indications géographiques protégées, les mentions traditionnelles, l'étiquetage et la présentation de certains produits du secteur vitivinicole ;

6) Règlement (CE) n o 606/2009 de la Commission du 10 juillet 2009 fixant certaines modalités d'application du règlement (CE) n o 479/2008 du Conseil en ce qui concerne les catégories de produits de la vigne, les pratiques œnologiques et les restrictions qui s'y appliquent ;

7) Règlement (CE) n° 436/2009 de la Commission du 26 mai 2009 portant modalités d'application du règlement (CE) n° 479/2008 du Conseil en ce qui concerne le casier viticole, les déclarations obligatoires et l'établissement des informations pour le suivi du marché, les documents accompagnant les transports des produits et les registres à tenir dans le secteur vitivinicole (Journal Officiel L128, 27/05/2009 P. 0015 – 0053) ;

8) Règlement (CE) n° 42/2009 de la Commission du 20 janvier 2009 modifiant le règlement (CE) n° 555/2008 fixant les modalités d'application du règlement (CE) n° 479/2008 du Conseil portant organisation commune du marché vitivinicole, en ce qui concerne les programmes d'aide, les échanges avec les pays tiers, le potentiel de production et les contrôles dans le secteur vitivinicole (Journal Officiel L 16, 21/01/2009 P. 0006 – 0010) ;

9) Règlement (CE) n° 114/2009 de la Commission du 6 février 2009 portant mesures transitoires d'application du règlement (CE) n° 479/2008 du Conseil en ce qui concerne les références aux vins bénéficiant d'une appellation d'origine protégée et d'une indication géographique protégée (Publication JO L 38 du 7.02.2009) ;

10) Règlement (CE) n° 555/2008 de la Commission du 27 juin 2008 fixant les modalités d'application en ce qui concerne les programmes d'aide, les échanges avec les pays tiers, le potentiel de production et les contrôles dans le secteur vitivinicole (JO L 170, 30.6.2008, p. 1-80) ;

11) Concernant le potentiel de production :

Règlement (CE) n° 1227/2000 de la Commission du 31 mai 2000 fixant les modalités d'application en ce qui concerne le potentiel de production (Première publication JO L143 du 16.6.2000), modifié en dernier lieu par le Règlement (CE) n° 1253/2001 de la Commission du 26 juin 2001 ;

12) Concernant les mécanismes de marché :

Règlement (CE) n° 1623/2000 de la Commission du 25 juillet 2000 fixant les modalités d'application en ce qui concerne les mécanismes de marché (Première publication JO L194 du 31.7.2000), modifié en dernier lieu par le Règlement (CE) n° 1315/2002 de la Commission du 09.07.2002 ;

13) Règlement (CE) n° 1282/2001 de la Commission du 28 juin 2001 portant modalités d'application en ce qui concerne l'établissement des informations pour la connaissance des produits et le suivi du marché dans le secteur vitivinicole et modifiant le règlement (CE) n° 1623/2000 (Publication JO L176 du 29.6.2001) ;

14) Concernant les pratiques œnologiques :

Règlement (CE) n° 1622/2000 de la Commission du 24 juillet 2000 instituant un code communautaire des pratiques et traitements œnologiques (Première publication JO L194 du 31.7.2000), modifié en dernier lieu par le Règlement (CE) n° 2066/2001 de la Commission du 22 octobre 2001 ;

15) Concernant la désignation, dénomination, présentation et protection de certains produits :

Règlement (CE) n° 753/2002 de la Commission du 29 avril 2002 fixant certaines modalités d'application du règlement (CE) n° 1493/1999 du Conseil en ce qui concerne la désignation, la dénomination, la présentation et la protection de certains produits vitivinicoles (Publication JO L 118 du 04/05/2002) ;

16) Concernant les vins de qualité produits dans des régions déterminées :

Règlement (CE) n° 1607/2000 de la Commission du 24 juillet 2000 fixant les modalités d'application relatif aux vins de qualité produits dans des régions déterminées (Publication JO L185 du 25.7.2000) ;

17) Régime des échanges avec les pays tiers :

Règlement (CE) n° 883/2001 de la Commission du 24 avril 2001 fixant les modalités d'application en ce qui concerne les échanges des produits du secteur vitivinicole avec les pays tiers (Publication JO L128 du 10.5.2001), modifié par le Règlement (CE) n° 885/2001 de la Commission du 24 avril 2001 ;

18) Règlement (CE) n° 2805/95 de la Commission, du 5 décembre 1995, fixant les restitutions à l'exportation dans le secteur viti-vinicole et abrogeant le règlement (CEE) n° 2137/93 (Première publication JO L 291 06.12.1995), modifié en dernier lieu par le Règlement (CE) n° 2440/2000 de la Commission du 3 novembre 2000 ;

19) Dispositions générales, transitoires et finales :

Règlement (CE) n° 2729/2000 de la Commission du 14 décembre 2000 fixant les modalités d'application relative aux contrôles dans le secteur vitivinicole (Publication JO L316 du 15.12.2000) ;

20) Règlement (CE) n° 884/2001 de la Commission du 24 avril 2001 fixant les modalités d'application relatives aux documents accompagnant les transports des produits vitivinicole et aux registres à tenir dans le secteur vitivinicole (Publication JO L128 du 10.5.2001) ;

21) Concernant les Méthodes d'analyse :

Règlement (CEE) n° 2676/90 de la Commission, du 17 septembre 1990, déterminant les méthodes d'analyse communautaires applicables dans le secteur du vin (Publication JO L272 du 3.10.1990), Modifié en dernier lieu par le Règlement (CE) n° 761/1999 de la Commission du 12 avril 1999 ;

22) Règlement (CEE) n° 1601/91 du Conseil, du 10 juin 1991, établissant les règles générales relatives à la définition, à la désignation et à la présentation des vins aromatisés, des boissons aromatisées à base de vin et des cocktails aromatisés de produits viti-vinicoles (Publication JO L149 du 14.06.1991) ;

23) Règlement (CE) n° 122/94 de la Commission, du 25 janvier 1994, portant certaines modalités d'application du règlement (CEE) n° 1601/91 du Conseil pour la définition, la désignation et la présentation des vins aromatisés, des boissons aromatisées à base de vin et des cocktails aromatisés de produits viti-vinicoles (Publication JO L021 du 26.01.1994) ;

1.2 *Analyses thématiques des décisions sélectionnées*

Depuis la création de l'OMC j'estime qu'il ne peut plus être opportun de présenter les dispositifs des décisions en les matières de la viticulture par une analyse de celles de chaque pays, l'un séparément des autres nations de l'Ue. Cette matière est devenue une cause européenne, forcément depuis que les organismes communs y ont superposé leurs directives et règlements et que la juridiction suprême commune, le jadis tribunal de première instance, et aussi la Cour de l'EFTA se sont installés aux hauteurs du Kirchberg à Luxembourg.

Procédant par des examens et commentaires thématiques, nous aboutirons à ces sous-divisions :

1. – (i) Cour de Justice de l'Union européenne – CJUe, pour l'interprétation du Traité et des directives, les questions préjudicielles, certaines décisions prises au dernier ressort et autres compétences qui ne touchent pas les préoccupations de ce livre.

Les juges nationaux des États membres peuvent, et parfois doivent poser une question préjudicielle à la CJUe, pour recevoir des précisions sur l'interprétation du droit de l'Union, afin de leur permettre, par exemple, de vérifier la conformité de leur législation nationale avec le droit communautaire.

En répondant aux questions préjudicielles la CJUe assure une application effective et homogène de la législation de l'Union et évite ainsi des interprétations divergentes du droit européen.

La CJUe connaît des recours en manquement dans le cadre desquels elle contrôle le respect par les États Membres des obligations qui leur incombent en vertu du droit de l'Union.

Elle est également compétente pour les recours en annulation par lesquels les requérants demandent l'annulation d'un acte émanant d'un organe de l'Union.

Les décisions rendues par le Tribunal de l'Union européenne peuvent faire l'objet, dans un délai de deux mois, d'un pourvoi limité aux questions de droit devant la Cour de Justice.

(ii) Le Tribunal de l'Union européenne – TUe, pour les droits intellectuels et certaines matières d'attribution spéciale.

La compétence principale du TUe est celle de connaître des recours directs introduits par les personnes physiques ou morales et dirigés contre les décisions individuelles et à caractère réglementaire des institutions et organes de l'Union, ainsi que contre une abstention de statuer de ces institutions.

Le Tribunal est également compétent pour décider du sort des recours qui visent à obtenir réparation des dommages causés par les institutions de l'Ue ou par leurs agents.

2. – Décisions par les instances nationales en matière d'application des lois nationales, émanant d'organes de l'ordre judiciaire ou administratif, distinctions qualitatives des crus, exercice d'autres droits privilégiés des administrations.

3. – Arrêts ou jugements concernant les contestations entre particuliers, soit entre vignerons entre eux, soit entre professionnels du vin et des particuliers, notamment en matière d'attribution des marques ou noms commerciaux, constitution de domaines distinctifs, constitution d'associations particulières, jugements commerciaux ayant acquis une portée générale.

4. – Décisions en matière de répression des fraudes, englobant les décisions comportant des interdictions administratives et les simples jugements correctionnels avec une digression à des cas de tromperies et falsifications bien particuliers.

2. LA VOIX DE L'EUROPE

2.1.1 Ne jamais plus jouer avec le Méthanol

Dans deux affaires, 326/86 et 66/88, introduites par voie directe, 25 personnes physiques ou sociétés, dont 7 domiciliés en Belgique, 16 en Italie et 2 au Pays-Bas (ci-après « Benito Francesconi et consorts »), ont actionné la Commission de la CE en responsabilité avec dommages et intérêts, arguant des défauts ou omissions de la part de cette Commission découlant de l'organisation commune des marchés. Sont notamment invoqués les Règlements du Conseil 337/79, art. 64 et ss, 359/79, art, 3, ainsi que la décision du Conseil 84/133. L'action trouve son fondement dans les art. 178 et 215 al. 2 du traité CEE. Il retient, par rapport aux organes de la Communauté, les conditions inhérentes à la non-admissibilité d'actes ou de comportements ainsi qu'aux dommages qui en résultent et entraînent la responsabilité de la Communauté même.

Les consorts Francesconi se composent de 20 commerçants, restaurateurs et producteurs (pertes commerciales) ainsi que des ayants droit de personnes décédées après avoir consommé du vin italien ayant contenu du méthanol. Le reproche à la Commission est celui d'avoir toléré la présence de ce vin sur le marché viti-vinicole, de n'avoir rien fait pour protéger le consommateur dès que le scandale avait éclaté.

Un scandale qui suivait de près un semblable désastre en Autriche. La Commission avoue avoir été informée de petites quantités de méthanol dans certains vins, mais ne réagit que quand les autorités italiennes mêmes ont passé des communiqués officiels que la Commission transmit aux autres Pays Membres. Entretemps des décès étaient signalés...[27]

La Cour se réfère à sa décision du 15 janvier 1987, GAEC de la Ségaude / Conseil et Commission (253/84, Rec. Juris. p. 123) où la Cour avait déjà dû déduire que la responsabilité de la Communauté n'était donnée que dans les cas de la réunion de plusieurs prédispositions et circonstances qui, si réunies peuvent rendre une action culpeuse, et si elle s'inscrit dans un entourage de cause à effet.

Joue, dans cet enchevêtrement de conditions, le principe fondamental de la CE (et encore aujourd'hui de l'Union), que les organes communautaires n'ont à réagir que dans les circonstances où les autorités locales ne peuvent pas exercer leurs devoirs de contrôle efficacement.

Comme souvent en droit civil, une action en responsabilité aboutit par la constatation que les demandeurs n'ont pas rapporté la preuve des faits allégués.

Les magistrats du Kirchberg en leur conclusion finale ont donc débouté les plaignants.

2.1.2 Loi nationale supplétive

Les décisions qui sont proposées sont des demandes préjudicielles soumises par les Cours d'appel de Bordeaux, (cas joints 89-74, 18 et 19-75 du 30 septembre 1975, Rec. Jur. p. 01023 ; Proc. Général c/ Arnaud, Raby et Gallet, prévenus, en présence de I.N.A.O. Syndicat Girondin de défense c. la fraude, Ligue des viticulteurs de la Gironde, Directeur général des impôts, Bordeaux, dite « Affaire de présomption de suralcoolisation du vin ») Aix-en-Provence (cinq cas joints 10 – 14/75, Proc. Général c/ 6 producteurs ou négociants sieurs Lahaille, Bourgin, Margnat, Seneclauze, Crémieux, tous de Marseille, prévenus et la Fédération Nationale des Producteurs de Vins de Table et de Pays, Paris, partie civile) et de Lyon (64/75, Proc. Général

---

27 Les circonstances des scandales sont décrites dans le sous-chapitre « Répression des fraudes ».

c/ sieurs Mommessin et Chevalier ; prévenus et les parties civiles INAO et Direction Générale des Impôts du Département du Rhône).

Les trois arrêts contiennent en essence une introduction semblable, que je cite à cause de la perfection qui résume le problème central : « Le vin est un produit provenant de la fermentation du raisin frais ou du jus de raisin frais. Les raisins contiennent du sucre, qui, en présence de levures, se transforme naturellement en alcool. Le titre alcoolique du produit naturel peut être augmenté artificiellement ("enrichi") par diverses techniques, par vinage, c.à.d. addition directe d'alcool au vin ou au moût, ou par chaptalisation, c.à.d. addition directe de sucre au moût ou à la vendange. Ces différentes opérations sont interdites, soit étroitement réglementées ».

Dans ces cas la prévention est sensiblement la même, infraction aux règlements du Conseil du 28 avril 1970 n° 816 et de la Commission du 19 juillet 1971, n° 1539, pour avoir mis en vente des vins dont le titrage alcoolique aurait été enrichi indûment. La tonalité est donnée par le renvoi de la Cour d'appel de Bordeaux, où un vigneron avait chaptalisé et les deux autres s'étaient plutôt adonnés au vinage.

Les six prévenus phocéens avaient importé du vin d'origine italienne, non autrement défini, tandis que dans l'affaire de Lyon il s'agissait de Beaujolais Villages, produits français.

Ces arrêts regorgent de considérations chimiques et d'œnologie à enchanter un chef de laboratoire, ce qui m'amène aux résumés, tout en manifestant mon respect pour les magistrats qui eux ont examiné le thème en profondeur.

Préalablement à la réglementation communautaire l'adjonction d'alcool au vin était déjà interdite par une loi du 24 juillet 1897, disposition reprise par l'art. 8 du Code du Vin français. La chaptalisation était également réglée en droit français bien avant les dispositions communautaires. A propos dudit article 8 le gouvernement français lui-même est intervenu pour la cause du Beaujolais. Des dispositions essentielles du Code du Vin pourraient risquer leur abrogation si les règlements communautaires primaient à cet égard.

Cet article énonce une présomption de suralcoolisation à propos des « vins rouges pour lesquels le rapport de l'alcool à l'extrait réduit est supérieur à 4.6 et les vins blancs pour lesquels ce rapport est supérieur à 6,5. »

Suit l'essentiel ! : « Toutefois cette présomption peut être infirmée lorsque la comparaison des différents éléments constitutifs des vins, leur dégustation, les conditions de leur fabrication, le lieu de leur provenance, permettent d'établir qu'ils proviennent exclusivement de la fermentation de raisins frais. »

Et c'est à ces infirmations que les prévenus, dans les trois affaires, ont fait insister pour justifier leurs vinages ou chaptalisations, effectués, comme depuis mémoire d'homme conformément à la loi de 1897 et puis à l'art. 8.

Permettez-moi de simplifier : Le nœud du problème, sur quelles bases déterminer l'extrait sec calculé pour établir ces rapports 4,6 et 6,5 ?

Le Code du Vin prescrit la méthode à 100[28]. Elle consiste à peser ce qui reste après évaporation des matières volatiles du vin. À côté diverses autres méthodes font acte de candidature. Les règlements 816 et 817/70 ainsi que 1539/71 de la Communauté sont allés chercher leur formule de calcul dans ces autres candidats. Dès lors les calculs sortent des rapports alcool / extrait réduit différents.

De ce fait la Cour, ayant bien justement reconnu ses valeurs traditionnelles à l'expérience œnologue humaine (arrêt d'Aix-en-Provence) à la base de la loi de 1894 et du Code du Vin, aboutit au constat que, quand les règlements communautaires (Conseil avec Parlement et aussi Commission) édictent bien des règles propres à l'unification des marchés et au respect de préceptes communs ayant valeur transnationale, elles et notamment celles du n° 1539/71, se trouvent limitées à l'identification et à la caractérisation des vins, toutefois ne revêtent-elles pas un caractère répressif et ne prescrivent-elles pas des mesures de contrôle en matières de fraudes et de sophistications et édulcorations ?

Une même préoccupation des magistrats, démocratiquement conforme à l'esprit de notre Europe, jalonne les arrêts, celle de ne tolérer aucune discrimination entre les vins de la Nation dans laquelle on se trouve et les vins de la Nation de laquelle on importe. Comme l'art. 8 du Code du Vin français est appelé pour perfectionner les termes des règlements européens là, où ceux-ci ne sont pas exhaustifs, le vin importé d'Italie ou de toute autre pays Membre doit, du moment qu'il est passé en France, danser au rythme de l'art. 8. Corrélativement, ce même vin italien, une fois apparu p. ex en Allemagne, se doit d'observer les prescriptions du Weinrecht. Et celles-ci ne sont pas nécessairement identiques aux règles internes italiennes ou françaises sur la même matière.

Les réponses préjudicielles de la Cour aux trois renvois reconnaît la priorité au Code du Vin à la détermination du rapport alcool / extrait sec.

« Un Etat membre peut, ..., utiliser en tant que mesure nationale de contrôle, une présomption légale de suralcoolisation, fondée sur le rapport de l'alcool à l'extrait sec déterminé par la méthode à 100°, pourvu que cette présomption soit susceptible d'être infirmée et qu'elle

---

28 L'art. 8 emploie la notion de « extrait réduit » qui est « l'extrait sec total » diminué de certaines substances chimiques.

soit appliquée de manière à ne pas défavoriser, en droit ou en fait, les vins provenant d'autres États membres. »

Et pour le cas des cinq négociants de Marseille la réponse n'est guère fondamentalement différente, sauf qu'elle comprend la précision que le calcul alcool / extrait sec est à appliquer aussi au contrôle du vin d'origine italienne. Les trois arrêts ont été rendus par des compositions identiques deux fois de 9 juges et pour le renvoi de Lyon 7 juges. Prononcés le 28 avril 1970 et le 19 juillet 1971.

2.1.3 Contexte de l'histoire

Surtout ces deux premières demandes préjudicielles évoluent dans un climat mouvementé pour la viticulture : la bataille lancée par les producteurs du Sud et leurs politiciens pour imposer à la Communauté l'usage exclusif de la méthode vinage par l'utilisation de moût concentré. Les vignobles méditerranéens produisent un surplus de moûts admissibles aux productions des vinages, largement suffisants pour couvrir tous les besoins des viticultures en Europe. Autrement, à défaut de trouver un usage dans un des sous-produits du vin, ces moûts devraient envisager la distillation forcée, donc la réduction financière à peu de choses.

Ce à quoi les vignerons du Nord s'opposèrent avec véhémence, la chaptalisation ayant été leur procédé depuis que la betterave sucrière est issue du blocus continental. Les arguments chimiques et les avis des œnologues n'ont fourni aucun résultat distinctif. Les moûts concentrés et le sucre de betteraves ou de canne sont à classer comme neutres au goût. Additionnés au vin en fermentation ils sont propres à augmenter son titrage alcoolique tant aussi bien que le Riesling reste riesling et le Gamay reste gamay.

La bataille avait à peine commencé qu'évidemment les éleveurs de betteraves s'y mêlèrent, le Nord de la France et la Belgique, promptement suivis par leurs confrères d'ailleurs, ainsi que les sucriers de l'outremer. Nous connaissons les forces dissuasives des barons du sucre. Le sujet devint politique, des pour ou contre des deux parties, tant à Bruxelles qu'à Strasbourg et dans tous les parlements d'alors dans la Communauté, que le vin ou la betterave ou la canne motivait.

La science et la maîtrise du goût n'ayant pu fournir aucune aide, un régime de tranquillisation s'instaurait autour d'une ligne avec le règne du vinage au-dessous et une chaptalisation paisible au-dessus. Paisible pour un certain temps ! ? ! Les scandales du méthanol et du vin qui tue faisaient taire les vignerons et leurs ministres ; avec le recul du temps, on appréhende alors qu'au Sud les armes sont à nouveau aiguisées, la ligne passant plus ou moins dans les environs de Lyon vers l'Atlantique n'ayant été qu'un pis-aller provisoire.

J'ai été long et encore imprécis sur cette pièce d'histoire récente, racontée dans le seul but de placer les trois questions préjudicielles au milieu des autres préoccupations des vignerons qui les avoisinaient.

2.1.4 L'Italie qui voulait faire cavalier seul

Cet arrêt C-86/89 du 6 novembre 1990, s'inscrit dans la lignée des vinages et chaptalisations, pour un motif différent.

Le règlement CEE n° 822/87 du Conseil du 16 mars 1987 portant organisation commune du marché viti-vinicole a institué un régime d'aides en faveur des moûts de raisins concentrés et des moûts de raisins concentrés rectifiés utilisés pour augmenter le titre alcoométrique volumique naturel des raisins frais, du moût de raisins et de certains types de vin. Pour la fixation de l'aide il est fait référence à la différence entre les coûts de l'augmentation du titre alcoométrique par l'adjonction de saccharose ou les coûts des moûts. Estimant que l'aide communautaire était insuffisante, le gouvernement italien, pays voué aux moûts concentrés, « a institué un régime d'aide supplémentaire national ».

Il s'en est suivi un débat sur la question de savoir si c'était la Commission ou l'Italie qui ont fait une application juste des articles 92 et 93 du traité, des interdictions visant la concurrence déloyale, l'Italie prétendant que son action consista à rétablir une distorsion que ledit régime de la concurrence aurait institué.

La Cour, à propos de cette décision de cavalier seul : « Il résulte des considérations de cette décision que l'aide supplémentaire italienne donne un avantage particulier aux producteurs de moûts de raisins, en facilitant de façon artificielle son utilisation pour la fabrication de moût concentré rectifié ainsi qu'aux producteurs de vins qui utilisent le moût pour l'augmentation du titre alcoométrique. »

Inutile de continuer, la tentative italienne fausse la concurrence entre producteurs italiens et autres producteurs : le recours est rejeté.

2.1.5 Être « digeste » et « bekömmlich », sans l'écrire

La question préjudicielle est renvoyée par le Bundesverwaltungsgericht (Cour administrative fédérale) à propos d'une cause où l'autorité de surveillance du Land de Rheinland-Pfalz a fait cause à la Deutsches Weintor eG, une coopérative vinicole pour voir cesser l'inscription « bekömmlich » c.à.d. « digeste » sur certaines de ses étiquettes. Cause C-544/10. Arrêt prononcé le 6 septembre 2012.

L'arrêt tourne principalement autour du Règlement CE n° 1924/2006, modifié par le règlement n° 116/2010, sur les denrées alimentaires. Le cadre juridique se concentre sur l'usage d'allégations nutritionnelles et de santé dans l'étiquetage et la publicité, bien malheureusement aussi fréquents dans la distribution et le commerce des vins, produits vineux et sous-produits.

Le discours a tourné autour de l'application des dispositions du règlement 1924/2006 à l'utilisation de « digeste » à des présentations et publicités pour un certain vin distribué par Weintor, et comme ce dernier le fit avant d'être arrêté par l'autorité de contrôle de Rheinland-Pfalz. Cette autorité contestait l'utilisation de « bekömmlich », comme cette indication traduit une allégation de santé, non autorisée pour les boissons alcooliques.

Deutsches Weintor commercialise des vins de cépages Dornfelder et Pinot blanc et Pinot gris qui sont mis en vente sous « édition mild » (douceur) avec une énonciation que le vin est d'une « acidité légère » précisant « grâce à notre procédé spécial de préservation "LO3" pour la réduction biologique de l'acidité il devient agréable au palais – (LO3 Schonverfahren zur biologischen Säurereduzierung).

Et Deutsches Weintor de parfaire son signet « édition douceur digeste » ou « mild bekömmlich. ».

Là où les avis de ces deux parties litigantes s'opposent et où la Cour administrative a vu la nécessité d'une clarification préjudicielle consiste à savoir si le « digeste – bekömmlich » est une allégation de santé tel que ce mot est désigné par l'art. 4, al. 3 du règlement, donc non autorisé pour les boissons alcooliques, alors que celles-ci « représentent une catégorie spéciale des denrées alimentaires soumises à une régulation particulièrement stricte ».

Nonobstant le mot final des conseillers à la Cour de Justice de l'Ue et leur conclusion négative pour Weintor, les plaidoiries ont dû être mouvementées. Les extraits de la consultation préjudicielle en sont la preuve. Il est vrai que selon le Règlement « les allégations nutritionnelles et de santé ne doivent pas être inexactes, ambiguës ou trompeuses, cette prescription vaut, à plus forte raison, pour les boissons alcooliques ». L'allégation litigieuse, à supposer qu'elle puisse être considérée comme en soi matériellement exacte en ce qu'elle signale une teneur réduite en acidité, s'avère néanmoins incomplète. En effet ladite allégation met en avant une certaine qualité de nature à faciliter la digestion, alors qu'elle passe sous silence le fait que, indépendamment du bon déroulement de la digestion, des dangers inhérents à la consommation de boissons alcooliques n'en sont nullement écartés, ni même limités pour autant. Toutefois, le terme litigieux suggère que, à cause de son acidité réduite le vin Weintor, contrairement à d'autres vins, serait adapté ou agréable à la digestion. D'où son effet nutritionnel et physiologique bénéfique !!

L'intention du législateur européen se traduit dans une interdiction totale d'une allégation du type de « digeste ou bekömmlich ». Le règlement « doit être interprété en ce sens que les termes « allégation de santé » recouvrent une indication telle que « digeste » (bekömmlich), accompagnée de la mention de la teneur réduite en des substances considérées par un grand nombre de consommateurs comme négative ».

Pensée de votre auteur : Lisant ces textes et commentaires, en soi louables, je me demande qui s'est laissé influencer par qui ? Monsieur le député Evin, en France, avec sa loi qui date du 10 janvier 1991 ; ou les rédacteurs de la Commission, dont les règlements datent de 2006 (et modifiés en 2010) ? Ma boutade : S'il n'aurait donc été plus facile de recopier cette loi et de la valider pour tous les pays Membres, tout comme le code de la route, par exemple. (À l'exception du Royaume Uni, comme de bien entendu ?)

2.1.6 Monopole ou libre circulation

L'arrêt du 5 juin 2007 n° C-170/04 a réuni la Cour en Grande chambre pour émettre son avis préjudiciel à quatre questions soumises par le Högsta domstolen (la Cour suprême) du Royaume de Suède à propos d'une charge lancée par 11 personnes privées à l'encontre de la loi relative aux boissons alcoolisées du 16 décembre 1994.

Ces personnes avaient commandé, par correspondance et sans intermédiaire, à partir de leur résidence en Suède, des caisses de bouteilles de vin produit en Espagne et non déclarées en douane. Ces caisses ont été saisies au motif qu'elles constituaient une importation illicite au regard de la loi suédoise sur l'alcool[29].

Des pays comme la Finlande ou le Royaume de Norvège vivent sous le parapluie de lois sur (ou dirait-on « contre ») les spiritueux. Il n'est que naturel qu'ils ont voulu entrer dans les débats.

S'agissant de l'importation dans le Royaume de boissons spiritueuses, de vin ou de bière forte le commerce de gros, ne peut être pratiqué que par des « personnes ayant reçu l'agrément d'entrepositaire ou enregistrées en tant que destinataire de marchandises de cette nature... ». Un tel agrément « ne s'applique pas à la boisson sur laquelle porte l'agrément ».

La vente en détail se pratique et se fait par une société parastatale « Systembolaget », spécialement constituée à cette fin. « Les spiritueux, le vin et la bière forte qui ne sont pas détenus en stock seront acquis

---

29 La narration des faits et de l'argumentation sont, à différents endroits, des copies entières ou partielles tirées de l'arrêt lui-même.

sur demande, pour autant que la société de vente au détail n'y voie pas d'objection ».

L'importation illicite de boissons alcoolisées est sanctionnée comme en cas de contrebande, dont la saisie confiscation, hormis les conséquences fiscales.

La question principale à résoudre soumise par la juridiction de renvoi est pour vérifier sa compatibilité avec le droit communautaire : une disposition nationale interdisant aux particuliers d'importer des boissons alcoolisées à la lumière de l'art. 31 CE relatif aux monopoles nationaux présentant un caractère commercial ou à celle de l'art. 28 CE qui interdit toute restriction quantitative à l'importation.

Pour les juges du Kirchberg à Luxembourg l'art 31 n'est pas d'application, comme Systembolaget est tenue d'importer les boissons à la demande et aux frais du consommateur et que l'interdiction aux particuliers d'importer de la boisson alcoolisée a pour effet de diriger les consommateurs vers le monopole ne règle « pas véritablement le fonctionnement du monopole dès lors qu'elle ne se rapporte pas aux modalités de la vente au détail ou de régir le système de sélection des produits par le monopole, ni son réseau de vente, ni l'organisation de la commercialisation ou de la publicité des produits distribués ... ».

Il n'y a donc compatibilité par rapport à l'art. 31 CE, avec renvoi à l'arrêt du 10 janvier 2006 de la Cour dans l'affaire De Groot en Slot Allium et Bejo Zaden, C-147/04, Rec. p. I-245, point 70 : « la libre circulation des marchandises étant le principe fondamental du traité qui trouve son expression dans l'interdiction énoncée dans l'art. 28 CE des restrictions quantitatives à l'importation entre les États membres ainsi que de toutes mesures d'effet équivalent ». De telles restrictions la Cour les constatait, alors que la loi suédoise dans sa rédaction actuelle confiait à Systembolaget la faculté « de s'opposer à la demande d'un consommateur à ce que lui soient fournies des boissons... qui ne figuraient pas dans l'assortiment proposé par le monopole ». Ce dernier ne se trouverait pas, dans tous les cas dans l'obligation « d'importer celles-ci dès lors que les intéressés en feraient la demande ». Ceci constitue une restriction quantitative aux importations.

La Cour fait encore état des inconvénients aux consommateurs pour formuler une demande d'importation aux magasins du monopole : formulaire spécial, retour au magasin pour le signer en cas d'acceptation ; importance de la commande ; aucun contrôle sur le transport et le conditionnement des produits, etc. en plus le remboursement des frais administratifs et de transport ainsi qu'une charge de 17 % !

Tout ceci constitue une restriction quantitative aux importations.

Finalement la Cour réfute, par une longue dissertation, l'argument du gouvernement suédois que l'importation de boissons par des particuliers ne serait pas garante des protections de la santé et de la vie des personnes, ce que Systembolaget peut assurer. Il est nécessaire qu'une mesure nationale ne constitue ni un moyen de discrimination arbitraire ni une restriction déguisée dans le commerce entre États membres »[30].

Deux réflexions :

La loi suédoise est pourtant bien accueillie par les danois. Allez contempler comment sont garnis les sacs à emplettes des suédois et norvégiens quand ils embarquent les dimanche soirs au port de Copenhague. Ces réserves doivent être exterminées à l'entrée d'Oslo ou de Stockholm.

Je sais que des entrepreneurs suédois, établis au pays de Malmö, ont commencé par importer des raisins frais, prêts pour la vinification, et des maîtres cavistes.

Selon les dispositions des nouveaux règlements de l'Union, avec l'indication de l'origine du raisin, du lieu du traitement et celui de l'embouteillage sur l'étiquette, la magie pourrait-elle jouer ? Avec le support du vin italien traité en « frizzante », par gazéification, à Trèves.

Jugez-le vous-même, lisez la confirmation jurisprudentielle, un peu plus loin.

2.1.7 La bière, boisson de substitution au vin ?

La Cour, dans une autre affaire lancée par la Commission contre la Suède C-167/05, prononcée le 8 avril 2008, a été amenée à constater que ce pays ne faisait pas de discrimination entre produits importés et produits nationaux concurrents en pratiquant une imposition différente entre la bière, à grands débits nationaux et le vin.

La Lettonie est volontairement intervenue pour soutenir la Suède.

Celle-ci n'a pas contesté les faits. Il s'agit d'une question d'accises sur laquelle la Cour a conclu que cette charge fiscale plus élevée n'est pas de nature à influencer le marché en cause et n'a pas pour effet de protéger indirectement la bière suédoise. Le choix du consommateur n'en a pu être conditionné.

---

30 Considérations de l'art. 30 du traité et renvoi e.a. aux arrêts Deutscher Apothekerverband du 11 décembre 2003, C-322/01, Rec. p. i-14887, avec jurisprudences y citées ; Akokainen et Leppik, 28 septembre 2006, C-434/04. Rec. p. I-9171 ; Gourmet International Products, 8 mars 2001, C-405/98, Rec. p. I-1795 et jurisprudences y citées.

Un amateur du vin ne peut s'abstenir de rester dubitatif par ce constat commun de la Cour et de la Suède, que les vins les plus consommés dans ce pays sont généralement les moins onéreux, d'accord, mais « qu'ils partageraient suffisamment des caractéristiques avec la bière, pour constituer, pour le consommateur, un produit de substitution avec celle-ci… ».

2.1.8 Une fleur au Gran Cremant

Cordoniu S.A. est une société espagnole, bien connue pour ses productions vineuses, actionna le Conseil de l'Ue devant la Cour. La Commission s'est portée intervenant, aux côtés du Conseil. L'arrêt C-309/89, qui concerne directement le Luxembourg, porta une attaque en force contre les déterminations de différents vins effervescents, a été rendu le 18 mai 1994.

La requête fut déposée le 9 octobre 1989 visant l'annulation du point deux, sous c) du premier article du règlement CEE n° 2045/89 du Conseil du 19 juin 1989. Il établit les règles générales pour la désignation et la présentation des vins mousseux et des vins mousseux gazéifiés.

Se trouve concerné le règlement n° 3309/85, qui a établi une distinction entre les indications obligatoires pour l'identification d'un vin mousseux et les indications facultatives tendant à préciser les caractéristiques intrinsèques d'un produit ou à l'individualiser suffisamment par rapport aux autres produits de la même catégorie se trouvant sur le marché. Bien que le choix des indications ait été laissé en principe aux intéressés, des règles particulières ont été édictées en vue de maintenir une concurrence loyale sur le marché des vins mousseux.

Les mentions « fermentation en bouteille selon la méthode traditionnelle », « méthode traditionnelle », « méthode classique », ou « méthode traditionnelle classique », ainsi que les mentions résultant d'une traduction de ces termes, ne peuvent être utilisées que pour la désignation de vins mousseux de qualité produits dans une région déterminée (v.m.q.p.r.d.). Ceci implique que le vin est devenu mousseux par une deuxième fermentation alcoolique en bouteille, s'est trouvé sans interruption sur lies pendant au moins neuf mois dans la même entreprise à partir de la constitution de la cuvée, et a été séparé de la lie par dégorgement.

Survint le règlement n° 2045/89 qui, parmi certaines précisions au règlement qui précède, énonce qu'il y a lieu de « réserver la mention « crémant » à certains v.m.q.p.r.d. élaborés en France et au Luxembourg, afin de protéger cette indication traditionnelle utilisée dans ces deux États membres pour désigner des produits de provenance bien déterminée.

On lit plus loin que la mention « crémant » est réservée aux v.m.q.p.r.d. élaborés en France et au Luxembourg :

– auxquels l'État membre dans lequel l'élaboration a eu lieu a attribué cette mention en l'associant au nom de la région déterminée, et

– qui ont été obtenus en respectant les règles particulières établies par l'État membre précité pour leur élaboration.

Toutefois, pendant cinq campagnes viticoles la mention « crémant » en langue française ou en traduction peut être utilisée pour la désignation d'un vin mousseux qui a été traditionnellement désigné ainsi à la date du 1er septembre 1989.

Codorniu est qualifiée pour être une société espagnole qui élabore et commercialise des v.m.q.p.r.d. Elle est titulaire de la marque graphique espagnole « Gran Cremant de Codorniu » qu'elle a utilisée pour désigner l'un de ses v.m.q.p.r.d. depuis 1924. Cordoniu est le principal producteur communautaire de v.m.q.p.r.d. qui portent la mention « cremant » dans leur désignation. D'autres producteurs établis en Espagne, dont le nombre reste à être déterminé, utilisent également la mention « Gran Cremant » pour désigner leurs v.m.q.p.r.d. bien avant 1989.

Le Conseil, pourrait-on dire bien intentionné, a fait affirmer qu'il adopte un choix de politique viti-vinicole, appliqué à un produit déterminé. Le disposition litigieuse sur l'utilisation de la mention « cremant » à des v.m.q.p.r.d. élaborés dans des conditions spécifiques dans certains États membres, constitue donc une mesure applicable à une situation déterminée objectivement et composant des effets juridiques à l'égard de catégories de personnes envisagées de manière générale et abstraite.

La disposition litigieuse, selon Codorniu, « n'a pas de portée générale, mais affecte un cercle de producteurs bien déterminé et qui ne peut être modifié ». Ce sont ceux qui, « au 1er septembre 1989, désignaient traditionnellement leurs vins mousseux par la mention "Cremant" ». En conséquence Codorniu, empêchée d'utiliser la mention « Gran Cremant » doit envisager une perte de 38 % de son chiffre d'affaires. Il est fait appel à la jurisprudence du 16 mai 1991, Extramet Industrie/Conseil (C-358/89, Rec. p.I-2501) où la Cour a déjà admis la recevabilité. Codorniu ayant établi l'existence d'une situation qui la caractérise par rapport à tout autre opérateur économique, l'exception d'irrecevabilité soulevée par le Conseil est rejetée.

S'engagent des considérants divers pour qualifier la mention de « crémant ». Les premières mesures nationales prévoyant, en France et au Luxembourg, « crémant » en tant qu'« indication traditionnelle » ont été prises en 1975, étant su que Codorniu distribuait son « Gran Cremant » v.m.q.p.r.d. depuis 1924.

Selon la conclusion retenue par la Cour « la mention "crémant" est, d'après la disposition litigieuse, attribuée essentiellement sur le fondement de la méthode d'élaboration du produit. L'indication de la région de production ne servant qu'à préciser la provenance du v.m.q.p.r.d. La provenance est ainsi étrangère à l'attribution de la mention "crémant" qui n'est pas liée à un rattachement géographique ».

La Cour annula l'article 1er, point 2, sous c) du règlement CEE n° 2045/89 du Conseil, comme demandé par Codorniu.

Réflexions :

N'est-il pas étrange que les seules parties à ce contentieux furent Codorniu, le requérant et le Conseil comme défendeur et la Commission comme intervenant, sans un agent ou avocat pour la France ou le Luxembourg !

La thématique Crémant est captivante. Ce sont des vignerons alsaciens et de chez nous qui ont brillamment lancé un produit de qualité de combien concurrentiel au seigneur de Champagne. Ils ont toutes raisons d'être jaloux de leur réussite. L'appellation d'origine et traditionnelle Crémant, il me semble, serait à défendre aussi jalousement !

Il m'est arrivé de feuilleter le Moniteur belge du 25 mars 2008 (l'arrêt Codorniu est de 1994) sur les conditions d'agrément du « Crémant de Wallonie ».

Les barricades démontées au Col du Tourmalet, faudra-t-il les ériger à Sterpenich-Steinfort ?

3. Décisions des instances nationales en matière d'application des prescriptions communautaires ou nationales

3.1 *Des papilles au goût, par la coutume à la loi Les AOC et l'INAO, des créations françaises*

Par ses atouts un bon vin fait travailler nos sens, par sa couleur, son arôme humée, ses saveurs à la caresse des papilles qui, combinés, font le goût, même l'ouïe à l'écoute ont tout de l'air du « Hei wéi schmaacht mir deen Kadёttgen ». Préférablement des cliquetis du cristal ! Il en fut, il en est ainsi toujours, la coutume qui demande sa loi. Mais il en prit du temps, à vrai dire jusqu'au 1er août 1905.

Deux précurseurs :

La loi du 22 Germinal An XI par un essai timide : « La marque sera considérée comme contrefaite, quand on y aura inséré ces mots façon de... et, à la suite, le nom d'un autre fabricant ou d'une autre ville ».

Celle du 28 juillet 1824 : « Quiconque aura, soit apposé, soit fait apparaître par addition, retranchement ou par altération quelconque, sur des objets fabriqués, le nom d'un fabriquant autre que celui qui en est l'auteur, ou la raison commerciale d'une fabrique autre que celle où lesdits objets auront été fabriqués, ou enfin le nom d'un lieu autre que celui de la fabrication, sera puni, etc. ».

« Tout marchand, commissionnaire ou débitant quelconque sera passible des effets de la poursuite lorsqu'il aura sciemment exposé en vente ou mis en circulation des objets marqués de noms supposés ou altérés ».

Près de quatre-vingts années – silence.

Et le 1er août 1905 toute la précision est apportée, non pas par une loi, mais par La loi : « Quiconque aura trompé ou tenté de tromper le contractant :

Soit sur la nature, les qualités substantielles, la composition et la teneur en principes utiles de toutes marchandises ;

Soit leur espèce ou leur origine lorsque, d'après la convention ou les usages, la désignation de l'espèce ou de l'origine faussement attribuées aux marchandises devra être considérée comme la cause principale de la vente ;

Soit sur la qualité des choses livrées ou sur leur identité par la livraison d'une marchandise autre que la chose déterminée qui a fait l'objet du contrat,

Sera puni etc. »

Que dire de cette description ? sinon qu'elle touche à la perfection !

Même le particulier qui chercherait noise avec son courtier en bourse, son agent immobilier ou son livreur de mazout (ou fuel ou fioul, le choix est à vous) pourrait y trouver son inspiration.

Tandis que les deux énumérations qui précèdent visent toutes opérations quelconques de vente et d'achat, en 1905 les mots « vin » ou « eaux de vie » n'y sont pas prononcés ! Car c'est pour eux, en général pour « des denrées servant à l'alimentation de l'homme ou des animaux » que la description a été conçue.

Les initiatives du Palais Bourbon se dirigèrent vers une consolidation de la notion d'appellation d'origine pour aboutir à celle de contrôlée.

La France y est restée, se refusant sagement d'aller encore ajouter une « contrôlée et garantie », grade qui causera bien des soucis aux vignaioli italiens, pour le surplus fidèles inspirés du système français. Alors qu'une fois reconnue à un vin, ce majestueux Brunello di Montalcino dut très vite tolérer une cohorte de « garantiti », chaque région clamant pour obtenir son voire ses chefs de file.

Notre pays voisin et ami maintint son évolution législative jusqu'au décret-loi français du 30 juillet 1935, que Quittanson et Vanhoutte saluent pour deux raisons : La « Durée des délimitations et incompétences techniques des Tribunaux », comme p.ex. remède instantané doit être porté aux livraisons d'un usurpateur, frelatant sans lui laisser encore 5 ou 6 années jusqu'à ce que la Cour de cassation aura pu se prononcer, et le « Concept nécessaire de définition limitative », la législation antérieure (1919 et 1927) n'ayant pas été « en ce sens que sont considérés comme produits à appellation d'origine tous ceux pour lesquels leurs producteurs ont revendiqué l'appellation ».

En bref, des obligations aux producteurs ont été introduites qui, à part certaines modifications que le temps et des meilleures connaissances ont conditionnées, sont essentiellement aussi celles qui ont servi de modèle aux législateur européen à la définition de l'OCM ainsi qu'aux (trop ?) nombreux règlements du Conseil ou de la Commission.

Les négociants sont tenus de tenir l'intégralité des livres ouverts à l'inspection, et ont-ils été tenus de déclarer le vin, non plus « par la nature du produit, mais appellation par appellation ». L'art. 21 crée l'appellation « contrôlée » qui est attribuée par l'I.N.A.O. Elle détermine, après l'avis des syndicats, les conditions de production, l'aire de culture, les cépages, le rendement par hectare, le degré alcoolique minimum, les procédés de culture, de vinification ou de distillation s'il s'agit d'une eau-de-vie.

Une autre pièce maîtresse, l'institution du Comité national des appellations d'origine des vins et eaux-de-vie, qu'un décret du 16 juillet 1947 transforme en Institut, et dorénavant l'I.N.A.O. est entré dans le langage commun. Le travail du jour se déroule en synergie avec la Répression des fraudes. Ainsi un service idéal est conçu pour agir de go, en connaissance de cause et parer utilement aux ainsi dites incompétences techniques des tribunaux. Il ne leur est souvent resté d'autres solutions que de désigner un expert du métier, droit de contre-expertise et possibilités d'appels d'avant dire droit, etc. pour le bien de l'usurpateur !

Cette AOC française, muée en européenne, restera vivante jusqu'à l'avènement des IGP et AOP au premier janvier 2012.

3.2 *Ce qui a été jugé*

3.2.1 Des usages loyaux et constants

Les « qualités substantielles » du décret de 1935 ont fait couler beaucoup d'encre dans les magistratures, dont, selon Quittanson et Vanhoutte la plus significative, celle de la Cour d'appel de Bordeaux (31 janvier 1956 et confirmée en cassation). Il s'agissait de savoir si l'I.N.A.O. était aussi tenu de respecter cette notion des qualités substantielles, alors que le texte n'en dit rien ?

Comme l'avis des syndicats professionnels est obligatoire, ces derniers sont les mieux informés des usages locaux et constants de l'aire de leur vignoble de sorte que l'assurance est donnée que cet Institut est pleinement informé « par les avis des groupements intéressés établis d'une façon péremptoire qu'il ne peut les transgresser ». Il reste l'autorité réglementaire qui peut « fixer toutes les conditions de production auxquelles doit satisfaire le vin pour avoir droit à l'appellation ».

Il est encore déterminé par le Conseil d'État (22 mars 1941) de « restituer au pouvoir réglementaire le soin de réserver à certains produits de qualité et à ceux-là seuls dont la détermination est faite par l'I.N.A.O. une protection et une publicité spéciales ».

3.2.2 L'Alsace – Lorraine une fois dissociées

Plus près de chez nous le tribunal civil de Colmar (4 février 1958) donnant droit à l'intervention de l'I.N.A.O. « Dit et juge que l'appellation d'origine Mirabelle d'Alsace ne peut s'appliquer qu'à des eaux-de-vie provenant de mirabelles *récoltées et distillées* exclusivement en Alsace. L'appellation « Mirabelle d'Alsace » est une « appellation simple » qu'il ne faut pas confondre avec celle de « Mirabelle de Lorraine » qui est une « appellation réglementée ».

3.2.3 Le magistrat qui s'y connaît

La pratique française en matière de rendement par hectare est surveillée bien strictement. Au Tribunal de première instance de Dijon (4 janvier 1945), un juge bien en connaissance de cause, amuse le lecteur, mais seulement lui.

Le prévenu avait vendu la totalité de sa récolte année 1941 à une maison de Beaune, et a livré au mois de mars 1942 à cette maison une quantité rigoureusement égale à celle qui figurait à sa déclaration de récolte. Le tribunal constate qu'une telle livraison, rigoureusement égale au montant de la déclaration de récolte, est matériellement impossible, alors qu'il s'est écoulé plusieurs mois .... en admettant même que le vin ait été débourbé, c. à d. dépouillé de ses grosses lies avant d'être mis en fûts avant la déclaration de récolte, ...malgré les soins les plus attentifs, ne pouvait éviter une certaine déperdition et usure provenant à la fois de l'évaporation et de la porosité des fûts en bois..........Le Tribunal condamne à une amende.

3.2.4 Tranquille en Italie et Spritzig à Trèves

Comment les juridictions de différents États membres réagissent quand elles sont confrontées avec des dispositions qui sont originaires des institutions européennes, supposé que le problème, en ce cas ne requière de question préjudicielle, car alors ce serait de nouveau aux juges du Kirchberg à Luxembourg pour la solutionner.

La production du vin en Italie et la vente en Allemagne se firent sans aucuns problèmes. La loi européenne change, elle prévoit qu'il est possible de vinifier le vin en dehors de ses domaine et chai, dans le même pays ou dans un autre, pourvu que ce soit un pays Membre.

Des cas peuvent surgir où la même obligation concerne deux parties dans deux pays unifiés dans l'Ue, comme à Trèves.

Deux commerçants avertis vendaient du vin italien, soit comme vin tranquille, soit comme perlé. À la mise en vigueur du règlement 753/2002 le nouveau régime leur mit la puce à l'oreille. Un vin communautaire peut donc être vinifié dans notre Europe, à l'extérieur de l'aire viticole de sa croissance. Nos Trévires importaient du vin tranquille, cépage Prosecco, qui, entretemps, s'était vu reconnaître la nouvelle mention « IGT – Indicazione Geografica Tipica », qui correspond à « g.g.A – geschützte geographische Angabe » et « IGP – Indication Géographique Protégée ». Et, une fois importé, ils lui administrèrent un traitement à base d'acide carbonique. Du Perlwein en résultait. Ce Vino frizzante IGT d'Italie joignit le marché comme produit italien.

Les allemands ont une prédilection pour donner à leurs produits alimentaires, et aux vins en premier lieu, des noms « lieblich ». C'est ainsi que circulèrent des bouteilles qui portaient l'étiquette conforme¸ « Perlwein gewonnen in Deutschland aus in Italien geernteten Trauben » et en plus des noms comme « Paradiesecco », « Italienischer Prosecco IGT aus Deutschland ».

Cette pratique déplut au contrôleur des vins de la Rhénanie-Palatinat. Il fit interdire la vente du produit. Les deux producteurs de vins effervescents saisirent le tribunal administratif de Trèves[31].

---

31 5 K 826/08.Tr., prononcé le 23 avril 2009 et 5/K 650/09, prononcé le 20 janvier 2010 auxquelles causes s'ajoute 5/K557/10.Tr. prononcé le 27 oct. 2010.

Les juges administratifs reconnurent pleinement la nouveauté législative. Le traitement des vins n'est plus limité aux aires géographiques de la croissance du raisin, et, en cas d'export du raisin ou du moût, à la condition que la législation du pays d'accueil le permette. Des coupages avec des vins du pays d'accueil sont aussi conformes aux nouvelles disciplines.

Le contrôleur des vins doit avoir été intransigeant, il essaya devant le prétoire et y retourna de re-chef. Nous n'avons pas énuméré tous les jugements qui ont été provoqués par ce bureau de contrôle.

Les arguments foisonnaient, dont celui qu'on ne pouvait imprimer IGT pour un vin dont la production s'est située à l'étranger, sources de confusions et malentendus, IGT terme italien, ne peut être utilisé qu'en Italie.

À l'appel devant le Oberverwaltungsgericht Rheinland-Pfalz on pouvait constater une stricte application des instructions européennes. Le jugement de Trèves (5K557/10 TR) dont l'appel a quasiment été confirmé (8 A11343/OVG, prononcé, 21. août 2011).

Mon attitude sceptique vis-à-vis du nouveau régime n'est pas restée cachée. Le « Frizzante tedesco d'Italia » ne me plaît pas. Peut-on douter si des fois les juges ne seraient pas de mon avis, appliquant les textes avec une stricte rigueur des résultats drôles vont peupler le panorama viticole, comme le « Spritzig », autre nom de fantaisie affiché au perlant, « schäumig », etc. déjà fustigé par les contrôleurs des vins.

Un véritable bon sens entoure le délibéré autour du « Paradisecco ».

Un habitant de Deidesheim avait esté au motif que ce Frizzante aurait adopté un nom trop près de celui de « Paradiesgarten », qui est effectivement le nom du vignoble qui produit un fameux Riesling (dégusté par Margareth Thatcher et François Mitterrand, invités de Helmut Kohl).

Selon les juges du Verwaltungsgericht de Trèves : Il n'est pas à craindre que le consommateur moyennement informé, ayant un « horizon de compréhension », fasse une confusion entre le vin perlé marchandé par la partie demanderesse (le fabricant) et le lieudit du vignoble « Paradiesgarten ». La notion de « Paradies » n'est pas à utiliser, pour ainsi dire religieusement, comme un lieu sublime, où l'on se sentirait à l'aise pour jouir de la vie.

Il s'en suit que cette notion ne désigne pas un lieu concret qui est attribué, géographiquement, à un site de vins précis.

Il est donc sans importance s'il arrivait à un consommateur, résident à Deidesheim, d'établir une relation avec le site viticole connu dans sa localité. Ledit résident et plaignant fut débouté.

L'effervescence de ce litige n'était pas seule à l'origine du choix de cette jurisprudence, mais une question alternative, celle des droits du pays de provenance des vins de bases. Et si ce pays se manifestait, quels seraient ses droits ? Les fabricants avaient utilement plaidé en première instance qu'un consentement aux exceptions à la limitation territoriale pour le traitement de vins-IGT, à l'extérieur du voisinage limitrophe, comme cette exception est prévue par le règlement 607/2009 (CE), leur avait été délivré à titre temporaire.

Hormis ceci, d'autres possibilités d'interventions, seraient-elles recevables, même si des violations du droit européen n'étaient pas invoquées, seulement des moyens tirés du droit local du pays du murissement des raisins ou du pays des élaborations ?

La question juridique est d'intérêt, quand même les procès de Trèves ne l'ont pas élucidée. Le discours tournait bien autour de l'attitude des autorités de surveillance italiennes. L'argument des fabricants, que ces autorités n'avaient pas réagi, quand ils commencèrent par leurs ventes, fut contré par les contrôleurs des vins allemands, que ce moyen ne revêtirait qu'une importance marginale.

En instance d'appel une demi-réponse nous est fournie par les conclusions des fabricants, que le ministère de l'agriculture italien écrivit à son homologue allemand « que la possibilité d'utiliser "Vino frizzante IGT" pour des vins-IGT italiens rendus perlant en Allemagne ne serait pas traitée, ni par les spécifications IGT italiennes ni par les règlements communautaires en vigueur pour des vins IGT ».

Un des Sénats de la Cour d'appel a décidé que ces écrits du ministre italien ne pouvaient peser pour la motivation de leur arrêt. Celui qui confirmait les juges de la première instance.

La politique italienne se comprend parfaitement. La mention IGP – aaG – IGT ne remplace pas un v.q.p.r.d.

Son vin peut provenir de n'importe quel endroit inscrit au cadastre viticole, de n'importe quelle formation géologique qui accepte des plants, pouvant même se composer uniquement de vins de table. Un pays en surproduction chronique peut destiner un peu à des sous-produits marcs, lies de vin, liqueurs et pâtisseries, une certaine quantité en moûts réduits servant au vinage ou à l'industrie pharmaceutique, un lot aux vinaigreries et le reste à la distillation obligatoire. Autant de raisons pour diriger le marketing aussi vers des exportations en produits de géographies typiques. Et ceci avec plus d'entrain quand ils sont coupés avec des produits vineux d'autres Membres de l'Union, et cette union est large !

Mieux encore, ces marées peuvent être mises en effervescence, par le traitement carbonique, mais aussi par fermentation hors ou en bouteille, sauf que ces deux dernières méthodes vont augmenter les prix, alors qu'on est à la recherche du poireau en substitution de l'asperge.

Je ne suis pas en mesure d'apprécier si l'Italie restera fière de voir son nom sur des IGT-Italia où des quantités de tels vins leur restent attribuables. Ils apparaîtront sur la carte des restaurants étrangers à côté du peloton de tête de leur giro œnologique, les Sassicaia, Brunello di Montalcino, Ornelaia, Lugana et la cohorte des Chianti qui arborent le gallo nero (mention du coq noir).

4. Le pugilat des marques

4.1.1 Tokaj ou Tocai ou Pinot gris ? *That is the question* !

L'interdiction faite aux italiens, et aussi aux alsaciens, de ne plus pouvoir utiliser la marque « Tocai » (aussi « Tocai friulano » et « Tocai italico ») afin que la seule Hongrie puisse encore arborer le « Tokaj » à eux, a rencontré pas mal de commentaires au Nord italien et en Alsace. Ils se sont surtout demandés pourquoi cette fleur a été réservée à un Pays qui n'était pas membre de la CEE ? Et en effet ces deux régions éminemment viticoles pouvaient facilement démontrer que leur Tocai sortait d'un usage loyal et constant depuis mémoire d'homme.

Les faits se situaient à l'époque où la Hongrie se trouvait en des négociations transitoires avec la CEE, en vue de son entrée éventuelle dans la Communauté. La Cour de Justice de l'Ue était saisie pour huit questions préjudicielles lui soumises par le Tribunale administrativo regionale del Lazio, par une décision du 9 juin 2003. Cette dernière avait été saisie par la Regione autonoma Friuli-Venezia Giulia et Agenzia regionale per lo sviluppo rurale (ERSA) contre le Ministero delle Politiche e Forestali, en présence de la Regione Veneto. Le litige a pour objet une demande d'annulation du décret ministériel italien du 26 septembre 2002 portant les conditions nationales pour l'utilisation des noms des variétés de vignes et de leurs synonymes comprenant une indication géographique... qui peuvent figurer dans l'étiquetage des vins de qualité produits dans une région déterminée et c.à d. les indications géographiques typiques italiennes.

Sont encore intervenus à Luxembourg les Gouvernements italien et hongrois, le Conseil de l'Union européenne et la Commission des Communautés européennes. La Cour européenne rendit son arrêt, le 12 mai 2005, tranchant comme si le Hongrie était déjà Membre, la période transitoire expirant le 31 mars 2007.

L'arrêt comprend 17 pages, ce qui m'amène à vous en présenter l'essence.

La demande de décision préjudicielle est « relative à la protection réciproque et au contrôle des dénominations de vins (JO L 337 – Accord CE – Hongrie sur les vins), et du règlement CE n° 753/2002 de la Commission, du 29 avril 2002, fixant certaines modalités d'application du règlement (CE) n° 1493,1999 du Conseil en ce qui concerne la dénomination, la présentation et la protection de certains produits vitivinicoles (JO L 118, p. 1 ».

En aucune fois le nom même de Pinot gris et son appartenance aux A.O.C. ne sont mentionnés, mais tant de fois les v.q.p.r.d. auxquels le Tokaj est supposé appartenir, une fois la Hongrie devenue communautaire.

La Cour a accompli un travail de bénédictin, épluchant :

–   la convention européenne des droits de l'homme, comme elle avait été conclue par l'Italie : atteinte pourrait être portée au droit de propriété des vignerons et à la faculté par les États de le sauvegarder ;

–   la convention de Vienne sur le droit des traités, comme, en cas de vice de consentement, l'accord du pays concerné doit être requis ;

–   l'accord instituant l'Organisation mondiale du commerce, touchant sur des aspects du droit de propriété intellectuelle, ici les indications géographiques par lesquelles il faut entendre un produit comme originaire du territoire d'un Membre, ou d'une région ou localité de ce territoire, dans le cas où une qualité ou une autre caractéristique déterminée du produit peut être attribuée essentiellement à cette origine géographique.

Face à la multitude des règlements, conventions, accords et échange de lettres, la Cour décide que la base juridique des questions préjudicielles à aviser est celle de l'article 133 CE, qui « porte spécifiquement sur les échanges internationaux ....destiné à promouvoir, à faciliter ou à régir les échanges, les échanges commerciaux .... » pour arriver à la politique PAC, en l'occurrence la réglementation vitivinicole.

La Cour a soin de noter en plusieurs endroits qu'elle se restreint à un examen juridique qui n'a d'influence sur le côté politique des négociations.

Elle souligne que la protection géographique est donnée pour le Tokaj avec ses vignobles plantés près du Château de Tokaj et dans la région de Hegyalja, tandis que l'Italie n'a qu'à présenter un cépage et la Hongrie aussi, avec le furmint. Avec deux atouts ce dernier pays marque l'avantage.

La Cour ne s'arrête pas davantage aux cépages, ni à une comparaison entre leurs différentes natures. L'édulcoré et le moelleux de l'un vous ne le trouverez pas dans l'arôme envoûtant du Pinot gris. L'Italie a fait plaider que leur Tocai est un cépage autochtone de la zone du Collio gori-ziano[32], avec continuation de ce vignoble à l'intérieur de ce pays, cultivé depuis des temps reculés. Le caractère doux du vin hongrois est rappelé. Cette homonymie pourrait être solutionnée si chaque Etat ajoutait à son Tocaj ou Tokai le nom de sa région ou celui de son cépage. Une proposi-tion qui n'a pas trouvé l'oreille des juges.

Par rapport à la convention de Vienne il est constaté que la décla-ration commune sur le cas d'homonymie dans l'accord CE-Hongrie, il n'y a pas de représentation erronée de la réalité. Le moyen italien fut écarté.

Une atteinte au droit de propriété des italiens qui font état d'une expropriation est à résoudre selon la jurisprudence constante de la CJUe (SMW Winzersekt, C -306/93, Rec. p. I-5555 du 15 juillet 2004) en ce sens que ladite mesure doit être proportionnée à un but d'intérêt général. Toute manière raisonnable de commercialiser les vins italiens concernés ne constitue pas une privation de propriété ».

Dès lors une interdiction d'utiliser la dénomination Tocai en Italie n'est pas contraire au régime des dénominations homonymes.

Finalement la Hongrie l'emporte pour avoir le site géographique couplé au cépage tandis que l'Italie n'a qu'un cépage à offrir.

L'Alsace n'avait qu'à suivre.

La Slovénie produit et commercialise un « Tokajské /Tokajky vinohrad-nicka oblast » et le « Vinohradnicka oblast'Tokaj » provient d'une région viticole de Tokaj en Slovaquie. J'ai tasté. À mon humble avis les hongrois auraient dû préférer la coexistence d'un Tocai friulano à côté de leur furmint.

*
* *

Les jurisprudences retenues ont trait à la France, l'Allemagne, le Luxembourg et incidemment la Confédération Helvétique. Il semble se dégager une ligne générale comme la jurisprudence française est riche en sujets de contestations pour décrocher des appellations : marques, éti-quettes, insignes, sites et sujets de dénominations sociales qui s'entrecroi-sent et se disputent la priorité à l'usage, étant su que cette Nation est la plus dispendieuse en règles (le code civil, les A.O.C. le cadastre, le code de la consommation, le code de commerce, le code rural, le code de la pro-priété intellectuelle, les us et coutumes, et d'autres)[33].

---

32 À la frontière de Slovénie.
33 En quelques endroits je me suis fait guider par La Faculté de Droit de Lyon : Fiche pédagogique virtuelle, 12 nov. 2006, Web-tuteur : Franck Marmoz, Creative Commons, et le Prof. Dupichot, cité en entrée de cet ouvrage, et c'est lui qui m'a remis ces textes. Il est une des chevilles ouvrières de cette faculté.

La tendance allemande est plus joyeuse et amusante en ses termes. Des trouvailles correspondant à Stich den Buben, Klostergaten, Liebfrauenmilch, Bocksfuss et tant d'autres, n'existent guère en France.

Les A.O.C. canoniquement sauvegardées par l'INAO, constituent l'élément juridique central de la protection des noms en France. N'est-il pas ainsi, sans le dire, pour toutes les Nations viticoles de notre continent ! La preuve est donnée par un arrêt de la Cour de cassation, chambre commerciale, du 9 novembre 1981, Bouteiller c/ S.I.C.A. Fort de Médoc et Ginestet, J.C.P. 1982, II, 19797, que la note Bonnet commente « ... il était en revanche moins évident que l'A.O.C. s'impose au propriétaire d'une marque lorsque cette dernière était acquise antérieurement à la reconnaissance de l'A.O.C. ». C'est pourtant sur le fondement du caractère d'ordre public de la législation des A.O.C. que la Cour de cassation a admis cette position dans le domaine de la Romanée-Conti.

Il y a clarification du côté français à propos de la valeur dans la série des noms protégés, d'une indication géographique, une IGP dans le nouveau régime. Une telle valeur n'a aucune signification au niveau d'une protection. « Contrairement aux A.O.C. l'IGP désigne le lieu de production ou de fabrication d'un produit, mais sans inclure de facteur naturel et humain »[34].

4.1.2 Le Château Haut-Brion

Une des jurisprudences françaises les plus récentes touche un cru cher à notre famille grand-ducale, j'ai nommé Le Château Haut-Brion. Un voisin cadastral rêvait d'en utiliser un peu de ce nom prestigieux. Il élaborait des vins sous la marque « Château le Moulin Haut-Brion », déposée en 1991.

Il succomba en première instance, en 1996, s'étant entendu dire que sa marque constituait une contrefaçon et ordonner les déchéances et radiation de celle-ci.

La Cour d'appel de Bordeaux[35] nous a quelque peu apporté une conclusion bien différente, sans pourtant laisser une palme à l'appelant. L'intimé dut laisser aussi des plumes. (Sur l'irrégularité d'une telle marque, Cass. com., 24 mars 1992, D. 1993, Jur. p. 327, note de notre ami cité en entrée de cet ouvrage, Me Agostini, professeur à l'Université Montesquieu.)

La Cour de dire que l'utilisation du mot « château » n'est en effet admise que si le vin désigné provient exclusivement de raisins récoltés

---

34 Op. cit. Faculté de Droit Virtuel, Lyon.
35 Dalloz 2012, copyright.

dans les vignes faisant partie de cette même exploitation et suppose que la vinification a été effectuée dans cette même exploitation.

Quant au mot « Haut » il ne peut être employé que s'il fait partie du nom d'une appellation d'origine comportant ce mot.

Le premier jugement est confirmé à l'appelant.

Le caractère déceptif aussi de la marque « Château Haut-Brion » est constaté.

Dalloz conclut : « Le dépôt d'une nouvelle marque désignant précisément le vin d'appellation d'origine contrôlée de la propriété viticole Château Haut-Brion ayant toutefois eu lieu en 1992, l'histoire de ce vin prestigieux et de sa marque continue, pour le plus grand plaisir des fines bouches ».

4.1.3 Claire Lafforgue, née Baux et François Baux contre Château de Calce SCI et Coopérative de Calce

Je note que cette définition de « Château » reprend mots par mots celle formulée par la CJUe dans un arrêt du 29 juin 1994 dans une affaire préjudicielle Claire Lafforgue, née Baux, François Baux et Château de Calce SCI, société coopérative de Calce. À l'issue de successions le nom de Château de Calce (région de Rivesaltes) faisait punching-ball. La famille Baux avait hérité du plus clair des terrains et les autres se sont constitués en coopérative avec leurs lopins, mais prétendaient aussi au nom du château. La même définition vaut pour « Domaine ». La réglementation de la CEE n'exigeait pourtant pas la présence d'un château sur les terres où le raisin a été récolté. Le tout dans le souci d'une information correcte du consommateur, la provenance du raisin et le lieu de l'élaboration. En sera-t-il encore de même sous le nouveau régime, à l'exemple le vin I.G.T. italien rendu frizzante à Trèves ?

Cet arrêt a encore le mérite de mettre les A.O.C. au niveau des v.q.p.r.d. de la législation européenne d'alors.

Il est d'abord jugé que le terme de « château » peut être utilisé par les exploitants des deux terres, le lieu de l'emplacement de ses murs et la situation du chai de la vinification étant sans signification.

Les conseillers devaient trancher si le règlement d'application CEE n° 997/81 ne s'opposait pas à ce que le terme « château » soit utilisé pour désigner le nom d'une exploitation viticole sur l'étiquette d'un v.q.p.d.r., lorsque la vinification a été opérée dans des locaux d'une coopérative qui compte, parmi ses adhérents, des viticulteurs dont les terres ne proviennent pas de l'ancien domaine du « château ». La certitude n'est pas donnée que ces autres viticulteurs coopèrent avec des raisins d'une qualité comparable à celle des raisins récoltés sur l'ancien domaine. Ce raisonnement a été jugé ne pas avoir d'incidence « dès lors que des procédures fiables sont instaurées pour que les raisins récoltés hors de l'ancien domaine du château ne soient pas mélangés aux raisins récoltés sur cet ancien domaine ».

Cet arrêt se résout favorablement pour les vignerons entrés en coopérative, au détriment des châtelains qui avaient fait plaider que, dans le commerce, la coexistence des deux châteaux Calce, nonobstant des étiquettes autrement écrites, était de nature à tromper le consommateur.

4.1.4 La Romanée-Conti

De La Romanée-Conti, c'est comme de l'Arlésienne dans la chanson : « On en parle toujours, mais on n'en boit guère ! ». Guère rimant avec cher.

Ce vin, on le dit avoir existé depuis 1580[36], ce terrain de 1,8 ha, faisant partie du Domaine de la Romanée-Conti d'une superficie de 25 ha de vignobles.

Le décret du 11 septembre 1936, donc peu de temps après l'entrée en vigueur de la loi sur les appellations contrôlées[37], accorde la haute distinction à six vins du domaine, Romanée-Saint-Vivant, Richebourg, Romanée-Conti (note de l'auteur, il s'agit du plus prestigieux), La Romanée, La Tâche. Pour les vins qui, pour une campagne, n'atteindraient pas le sommet : une Appellation Communale Contrôlée « Vosne-Romanée » pour les Premiers Crus.

Données simplifiées du problème au pourvoi en cassation liquidé par un arrêt en date du 1er décembre 1987, instance d'appel Cour de Paris du 28 novembre 1985 ; appellation et marques en litige : A.O.C. : « La Romanée-Conti ». Marques : « Romanée-Conti, appellation Romanée-Conti contrôlée », dépôt en renouvellement 1981 ; « Domaine de la Romanée-Conti », dépôt en renouvellement 1977, utilisation commerciale « Romanée-Conti » ; Autre marque « Y... Bernard de X... », constituée, le 22 janvier 1982.

Parties en cause :

Soc civ du Domaine de la Romanée-Conti, titulaire des A.O.C. et des marques premières nommées, demanderesse en nullité de la

---

36 Hubble en images. Futura – Sciences (c) 2001-2010 Claire König, pour les points historiques
37 Source INAO, AOC Romanée-Vivant 1998

marque deuxième nommée, S.à r.l. Y... et Bernard de X... défende-resse sur reconvention, en première instance et Société « Pieroth frères et fils »

Objet : vente de vins sous la dénomination Romanée-Conti par la s.à r.l. susnommée et par la société « Pieroth frères et fils »[38].

Demande en nullité, contrefaçon ou imitation illicite, utilisation de son nom commercial et de son enseigne et pour concurrence déloyale avec interdiction à la s.à r.l. à utiliser cette appellation Romanée-Conti au motif qu'elle résultait d'une fraude.

L'appel du Domaine de la Romanée-Conti s'était soldé négativement. Le pourvoi en cassation fut rejeté, notamment à cause des mégardes par la Cour d'appel elle-même.

Le moyen de l'irrecevabilité fut écarté par des moyens procéduraux, de sorte que la cassation avait à examiner les branches de tous les autres moyens.

Est critiquée la Cour d'appel qui « n'était pas saisie d'une demande principale alléguant une violation de la législation sur les appellations d'origine et qui a statué sur la descriptivité et la déceptivité de marques en liaison avec le caractère d'ordre public de la réglementation des appel-lations d'origine a .... souverainement apprécié l'intérêt qu'avaient la société X, (note : c.à.d. la s. à r. l. et la société Pieroth) poursuivie pour contrefaçon de ces marques, à former la demande reconventionnelle en nullité des marques en cause ». La nullité n'est donc pas fondée.

Le principe du caractère d'ordre public d'une A.O.C., déjà signalé dans les motivations de la Cour d'appel de Bordeaux dans l'affaire Bouteiller, se voit attribuer ici la valeur d'un arrêt de cassation. Depuis lors l'A.O.C. l'emporte sur les marques, fussent-elles antérieures soit par leur enregistrement, soit par l'usage. Sur ce point il est reconnu que la Cour d'appel avait agi parfaitement en appliquant le principe d'ordre public des A.O.C, en énonçant que les marques étaient trompeuses en tant qu'elles désignaient les vins en général, donc nulles.

La Cour de cassation n'a pas manqué de rappeler au respect les dis-positions de la convention de l'Union, qui introduit encore l'usage pro-longé d'une marque même non enregistrée.

Est critiquée, pour violation de la loi de 1964, la nullité, prononcée par la Cour d'appel, des marques « Domaine de la Romanée-Conti » et

---

38 Il n'est pas dit s'il s'agit de Pieroth une famille allemande, gros producteurs, dont un des membres était député CDU. La famille s'était offerte plusieurs contentieux en matière viticole.

« Romanée-Conti » apposée par la s.à r.l. et Pieroth sur les étiquettes, et qui n'auraient pas eu droit à cette appellation.

4.1.5 Château LATOUR c/ Le Château LA TOUR de SEGUR, G.F.V. et Pierre BERJAL et Cie, SCEA

Pourrait-on quitter le Bordelais sans s'attarder auprès de deux maisons qui ont contribué à son prestige, une Latour au Médoc, l'autre vis-à-vis à St. Emilion Lussac.

Pour un beau jour la bagarre devait faire rage. Ce fut devant le TGI de Libourne en 1998, où fut déboutée la soc. civ. du Vignoble du Château LATOUR c/ Le Château LA TOUR de SEGUR, G.F.V. et Pierre BERJAL et Cie, SCEA à ses côtés. Sur appel de la première nommée la Cour d'appel de Bordeaux rendit son arrêt, le 3 décembre 2001.

Deux vétérans La Tour de Ségur depuis le moyen âge, régulièrement nommés dans les ouvrages depuis 1673, avec marque déposée en 1996, Latour Pauillac avec exploitation depuis le début du XVIIIe. siècle, marque déposée en 1863, avec une étiquette inchangée depuis 1891. Tous les deux couronnés A.O.C.

Assistaient Latour, ses satellites « LATOUR », « CHÂTEAU LATOUR », et « FORTS DE LATOUR ».

Latour prit l'initiative, assignant La Tour de Ségur en annulation, affirmant qu'en tant que premier propriétaire et déposant elle avait acquis un droit exclusif sur les marques, ainsi qu'en raison du faible nombre de tènements appelés La Tour dans le vignoble bien plus étendu à Lussac, dont tous les raisins se réclament de la même marque.

La lecture des décisions laisse poindre l'étonnement des magistrats devant les deux Nestors, qui, ayant toléré la cohabitation pendant des siècles, se sont mis en contentieux.

Evoquant le passé élogieux des deux maisons, écartant l'argument des tènements minoritaires, parcelles qui ne représentent que 10,35 cadastrées au nom de La Tour, le domaine actuellement exploité fait intégralement partie du domaine connu sous le nom de « domaine de Latour ». Les parties intimées justifient un droit ancien au nom de « Château La Tour de Ségur ». Cet usage est loyal et ininterrompu. L'adjonction de « Ségur » justifie en plus que tous risques de confusion sont éliminés pour le consommateur normalement avisé.

Les crus des deux parties en litige ne sont pas dans la même appellation d'origine contrôlée.

Le jugement du TGI déféré est confirmé.

4.1.6 Recevez du champagne et payez du Sekt

Un regard de l'autre rive de la Moselle nous fournit des décisions de jurisprudence plus bariolées.

Le slogan publicitaire, Recevez du Champagne et payez du Sekt (Champagner bekommen, Sekt bezahlen) nous mène dans le domaine des ordinateurs, mais il est un de importants arrêts de la jurisprudence allemande[39]. Il concerne aussi directement la Convention franco-allemande du 8 mars 1960 sur la protection des droits intellectuels.

La défenderesse faisait de la publicité pour la vente d'un ordinateur PC – IBM-Aptiva, supposé être doté des fonctions les plus modernes. La partie demanderesse, (une fédération professionnelle française du commerce du champagne) assignait en nullité et interdiction de continuer les réclames, devant le Landgericht, où elle obtint gain de cause. En appel la demanderesse fut déboutée. Le défendeur interjeta un pourvoi en « Revision » (équivalant à la cassation), ce qui nous amena à l'arrêt référencié ci-dessus, où l'arrêt du Oberlandgericht fut annulé et le jugement de première instance, celui du Landgericht remis en vigueur.

La cause fut introduite sur base des dispositions de la convention franco-allemande. Cette publicité pourrait nuire à la bonne réputation d'une production issue d'une origine géographique en l'absence d'une raison justificative.

La partie défenderesse fit acter qu'il n'avait pas été dans son intention d'utiliser le mot « Champagne » par rapport à une origine géographique. Une concurrence déloyale ne serait pas à craindre.

Le Oberlandgericht commença par éliminer la convention franco-allemande comme base de sa décision, au motif qu'il s'agissait dans ce cas d'une juxtaposition de deux conceptions d'une nature diverse savoir Champagne et Sekt d'un côté en addition avec « IBM Aptiva jetzt zum V.-Preis » (« IBM Aptiva maintenant au prix V »). Il serait ainsi seulement souligné qu'un ordinateur de grande valeur et à hautes performances peut être acheté à un prix particulièrement avantageux. Ce ne serait que grâce à un raisonnement du vendeur d'ordinateurs, que l'exclusivité de ce prix serait comparée à la position du champagne par opposition aux vins mousseux. Cet état des choses ne peut être rapproché à une référence visant la renommée d'une origine géographique contrôlée du concept « Champagne ». Le cas de protection visé par la convention n'est donc pas donné.

---

39 Bundesgerichtshof, arrêt du 17 janvier 2002 – I ZR 290/99, Oberlandgericht Cologne, Lexitus.com/2002/4/153.

La Révision, supposant que la demanderesse aurait voulu se porter aux considérations tirées de la loi allemande sur les marques (§ 128 al. 1 i. V. du Markengesetz), en déduit plusieurs raisonnements pour aboutir à la conclusion finale que, contrairement aux motifs de la Cour d'appel, les prémisses d'une interdiction à la continuation de la publicité litigieuse (Unterlassungsanspruch) sont données.

Le défendeur fait usage de la renommée particulière du champagne pour mettre son propre produit en rapport avec l'exclusivité comparable d'un autre produit. Une telle pratique est déloyale (§ 127 al 3 du Markengesetz).

4.1.7 Champagnerbratbirne

Le Bundesgerichtshof avait la charge de la « Revision » dont pourvoi par le fabriquant de la CHAMPAGNERBRATBIRNE[40]. La fédération qui regroupe la totalité des producteurs et négociants de champagne est le demandeur poursuivant.

Le défendeur est le propriétaire d'un Gasthof en Bade-Wurthemberg, où il commercialise un mousseux de poires, une boisson qui existe depuis plus de 150 années. De l'étiquette qui orne les bouteilles la désignation « CHAMPAGNER » a été relevée visuellement suivie à la ligne suivante de « BRATBIRNEN » et au-dessous en caractères plus restreints « BIRNENSCHAUMWEIN ».

Les parties ont gravi les trois instances de la procédure judiciaire allemande, où le défendeur fut condamné dans les deux dernières instances, malgré qu'en cours de route le Gastwirt ait procédé à une modification de son étiquette et que les Champenois aient procédé à une modification de leur requête initiale plus étendue.

Les trois jugements se réfèrent à la convention franco-allemande du 8 mars 1960 et non aux prescriptions du « Markengesetz », comme l'ont fait les magistrats que nous avons rencontrés dans l'affaire « Champagner bekommen Sekt bezahlen ».

Le BGH n'est pas non plus convaincu que le défendeur ait voulu par cela relever qu'il se soit orienté uniquement pour signaler une sorte particulière d'un fruit, la « Bratbirne ».

Les développements des juges en matière d'usages déloyaux par des références au champagne par des firmes allemandes sont devenus classiques. Le champagne figure comme quelque chose d'exceptionnel, d'exclusif dont la simple mention devrait élever le consommateur jusqu'aux cieux. Ensuite « Mit der Bezeichnung "Champagne", sind besondere

---

40 BGH, arrêt du 19 mai 2005 – I ZR 262/02 – OLG Stuttgart Lexetius.com /2005,2040.

Gütevorstellungen verbunden... Durch die Hervorhebung der Bezeichnung "Champagnerbratbirne" lehnt sich der Beklagte... an die besondere Exklusivität der Bezeichnung "Champagne" an und beutet deren besonderen Ruf aus ». Ainsi textuellement dans l'arrêt de la « Revision ».

Des notions particulières sont liées à la désignation « Champagne »...

En rehaussant la désignation de « Champagnerbratbirne » le défendeur s'associe... à l'exclusivité spécifique de la désignation de « Champagne » et il s'arroge sa réputation particulière.

De telles jurisprudences abondent dans les recueils allemands. Pour vous amuser : « Ein Champagner unter den Mineralwässern », « Champagner-Weizenbier », « Champagner-Zangen », « Champagner-Renette », « Champi-Krone ».

4.1.8 Achkarrer Castello

Qu'il me soit donné de voguer du champagne aux châteaux.

Auprès du Deutschen Patent und Markenamt l'impétrant a requis l'enregistrement de la marque « Achkarrer Castello » pour la gamme des boissons alcooliques, bières exceptées. Selon lui il s'agirait d'une marque de fantaisie. Mais d'après l'office des marques cette désignation ressemblerait bien trop à une allusion au village vigneron de Achkarren au pays de Bade, près du Kaiserstuhl le long du Rhin.

La requête se heurte à une désignation d'origine protégée, susceptible de tromper le public moyennement avisé. Ensuite le Castello y ajoute la noblesse. Et c'est précisément là qu'un des bâts blessait, car en plus de l'indication que le vin provenait de Achkarren, le consommateur pourrait être teinté d'une touche d'italianisme, ouvrant effectivement la voie à d'innombrables fantaisies.

Il se trouve que dans le ban d'Achkarren deux vignobles portent les noms de « Schlossberg » et « Castellberg », et l'impétrant n'en est pas le propriétaire.

« Une cause évidente, me direz-vous, cette marque ne peut être acceptée ! »

Et vous avez raison, et quand même l'arrêt du Bundespatentamtgericht du 9 décembre 2008 a mis sept pages en petits caractères pour aboutir à la même conclusion.

4.1.9 Fürstlich Castell'sches Domänenamt

Restant aux bastides pour rencontrer le « Fürstlich Castell'sches Domänenamt », qui nous mène au Oberlandgericht de Francfort-sur-le-Main, invoqué comme juge d'appel du Landgericht, pour modifier partiellement le jugement de première instance.

L'initiative a été prise par la bénéficiaire de la marque « VIN CASTEL, Vin supérieur, Castel Frères, Négociants à Bordeaux (Gironde), de protection internationale.

Pour les vins importés en Allemagne, elle est d'ailleurs couplée avec une collerette CASTEL.

Nul doute que de part et d'autre ce sont des vignerons qui s'affrontent. Le demandeur en radiation de VIN CASTEL, sinon en privation des droits d'exclusivités de certains mots de sa marque est un noble allemand qui est « Ferdinand Erbgraf zu CASTELL-CASTELL » propriétaire de la firme « Fürstlich Castell'sches Domänenamt Albrecht Fürst zu Castell-Castell ». Par ailleurs il existe une localité vigneronne de Castell, avec les berceaux de ces barons héréditaires.

Il ne s'agit pas du Castell ou Kastell, aussi vinifère, le long de la Sarre, pour une période les lieux de repos de notre Jean l'Aveugle. Des Castell, il y en a d'autres en République fédérale.

Il est constaté que le nom de Castell ou Castel, d'après le droit européen et celui allemand n'a de valeur exclusive que comme origine géographique viticole. Comme tel il n'entre pas en compte pour l'appréciation de la validité d'une marque en Allemagne, e.a. que dans la commune de Castell une poignée de viticulteurs peut se réclamer du même droit.

Le fait saillant reste, celui que les deux parties montrent des noms à des mots et particules divers, mais que dans la pratique tant du commerce que de celle du consommateur, ce n'est que le Castell qui est d'usage courant, pour l'une et pour l'autre. Le Markengesetz n'en dit mot à ce sujet. D'après les magistrats des deux instances, et le BGH ne s'en éloignera pas trop, c'est, dans un langage non juridique, une circonstance non protégée avec laquelle on doit vivre.

L'Erbgraf a fait plaider et plaider à nouveau que Fürstlich Castell'sches Domänenamt ne serait qu'une abréviation du titre plus long de leur firme, exclusivement faite pour des facilités commerciales. Dans l'usage courant, surtout verbal, le mot de Castell serait resté. Comme la plus haute juridiction allemande n'a pas pu constater que ni l'une ni l'autre de ces abréviations de commodité n'avait été enregistrée, aucune valeur juridique ne pouvait leur être attribuée.

La même juridiction fit un reproche non voilé au OLG de Francfort, qui, selon la ZPO, le code de procédure d'Outre-Moselle, l'attention aurait dû être rappelée à l'Erbgraf qu'il aurait pu faire état de son long patronymique et faire acter sa priorité sur toutes autres inscriptions de protection. Je me demande si ce rappel à oubli n'aurait pas dû s'adresser d'abord aux avocats de ce Monsieur ?

Le OLG de Francfort ne fait qu'une seule entaille aux dires du Landgericht, que la marque internationale de la défenderesse, celle qui renferme avec la marque litigieuse encore l'épithète « VINs », ne pourra s'étendre quant à l'usage de ce mot. La demanderesse reste déboutée pour tous les autres chefs de sa demande.

Le OLG, hormis quelques analyses pointilleuses et rectificatives aboutit à un large consensus avec les premiers juges, le 27 mai 2010.

4.1.10 PREMIUM romain ou cyrillique ?

On aurait pu récolter une belle décision, une affaire qui a commencé par une première instance devant le Landgericht de Landau, prononcée le 30 avril 1996. L'appel fut vidé par le OLG de Zweibrücken le 1er février 2007 et l'arrêt du BGH est du 30 avril 2009. L'affaire a commencé par une action du « Schutzverband Deutscher Wein e.V. » à l'encontre des deux dénominations LORCH PREMIUM et comme collerette LINIE PRESTIGE garnissant l'étiquette d'un vin du Palatinat.

Le LG a jugé la plainte inacceptable, le OLG l'a jugée non fondée et l'arrêt du BGH fut impatiemment attendu. Pourquoi ? Simplement parce que cette suite de procédures s'arçonnait à cheval entre l'ancien régime de l'OCM vitivinicole et le nouveau, et, que devant le BGH les parties avaient conclu se soumettre à l'appréciation des hauts magis-trats tenant compte des deux régimes. Qu'elle belle perspective pour ce savoir, même avant le premier janvier 2012, à l'entrée en vigueur du nouveau régime !

Eh bien non, nous sommes restés sur notre faim.

Lisez le dispositif : « La mention PREMIUM, renfermée dans la déno-mination LORCH PREMIUM donne un sens par la traduction de la langue bulgare "[sans indication, dans l'arrêt]" dans la langue allemande. Cette cir-constance ne convient cependant pas pour constituer auprès des personnes ici en cause des confusions ou mises en erreur. Comme toutefois d'autres constatations ne sont pas à attendre, le Sénat n'est pas en mesure de juger cette question par lui-même. D'expérience personnelle il peut être exclu, que les groupes de personnes qui sont concernées ici, à propos du concept pour qualifier un vin de qualité allemande "PREMIUM" il pourrait se traiter d'une traduction pour un vin de table bulgare avec indication d'une men-tion géographique protégée, susceptible de compléter la mention tradi-tionnelle "[sans indication]", et que pour cette raison il remplirait par cela même les conditions d'un Qualitätswein b.A. qu'il est appelé à désigner un vin, qui ainsi satisferait, d'après les dispositions légales bulgares, aux conditions du vin ainsi désigné. (à comparer Art.23 et Art.24, al 5 lit. a EG-WeinBezV ; à comparer aussi BVerwG GRUR.RR 2009,58 Tz. 30) ».

Et on est servi !

4.1.11 Un petit regard vers le pays des Alpes

C'est là où la cassation suisse a retenu sa définition quand et com-ment on peut se prévaloir de la référence à « Château » en matière vini-cole. L'action correctionnelle avait été intentée par le ministère public sur dénonciation du contrôle alimentaire et se dirigeait ici contre le directeur de l'entreprise Provins. Celle-ci avait fait enregistrer au bureau fédéral une marque mixte « CHÂTEAU-VIEUX » qui représente un château entouré de quelques arbres et dominant une vigne. Il s'agit d'une marque de fantai-sie. Le juge cantonal valaisan acquitta le prévenu, d'où pourvoi en cassa-tion (Chapeau 84 IV 80) et prononcé le 21 mars 1958.

La préoccupation de la Cour de cassation soignait le consommateur normal et son risque de confusion. « La désignation "CHATEAUVIEUX" fait nécessairement penser à un château existant dans un lieu donné, à un nom de cadastre ou à une localité. En tant qu'elle désigne un vin, elle suggère qu'il s'agit d'un produit de vignes sises à Châteauvieux, soit d'un cru spécial, d'autant plus que le terme château se retrouve dans un grand nombre désignant des crus. Or il est constant que le vin vendu sous la désignation "Château-Vieux" ne provient pas d'un domaine de ce nom.

La marque prête donc à confusion et se heurte aux prescriptions de l'ordonnance réglant le commerce des denrées alimentaires ».

Et annulation de l'arrêt dont pourvoi et renvoi devant le juge cantonal pour une nouvelle décision.

4.1.12 Les « Sex » et « Scex » dans le vignoble.

La Cour de cassation pénale s'y pencha le 25 avril 1985 (Chapeau 111 IV 106), alors qu'une société négociante, établie à « X », avait pourvu ses étiquettes de ces désignations « Sex » et « Scex » couplées avec Grands Vins du Valais, et Fendant sélection. La Cour de dire : « Or il existe dans la région de "X" des vignes appelées "Sur le Scex" ou "Sur les Scex". Déduire de ces circonstances que la désignation contestée présente une similitude avec des noms géographiques et que toute possibilité de tromperie pour le consommateur moyen n'est pas exclue, ne viole pas le droit fédéral ».

Et cette fois-ci la haute Cour a rejeté le pourvoi.

5. RÉPRESSION DES FRAUDES – DES COUPS DE MASSUE AUX INTRANSIGEANCES

5.1 *Les toxiques*

5.1.1 Premièrement : Le gros morceau

Le magazine Espresso prétend être le premier à l'avoir reniflé, comme nous lisons dans son édition du 14 avril 2008[41].

Unicité de délits : Le Ministère Public ordonne la saisie de toutes les bouteilles incriminées. Constatant la présence de substances toxiques. Un document judiciaire qui confirme le scandale révélé par « L'espresso ». Et le ministre démentit, dans les kiosques dès vendredi.

À la suite des avancées de l'enquête « Velenitaly » publiée par l'Espresso, l'officier du Ministère Public de Taranto Luca Buccheri prend papier et stylo et signe le décret de saisie. Il ordonne de découvrir où sont allés finir les millions de litres de « produits vineux », ainsi altérés ne pouvant être appelés vin, vendus dans les caves de toute l'Italie.

Buccheri, qui coordonne les dégâts depuis des mois, n'a pas de doutes : ce liquide « est dangereux pour la santé » et s'en va rapidement le saisir. Nous sommes le 4 avril, vendredi matin. Le document récite ainsi : « Évaluées les émergences investigatrices à ce jour, lesquelles font retenir

---

41 Espresso « Quel vin est dangereux » de Emiliano Fittipaldi et Paolo Tessadri.

après les saisies auprès des entreprises Vmc et Enoagri à Massafra, comment ces sociétés dans une délinquance "unique" ont mis en place une activité intensifiée de sophistication de produits vineux ; une sophistication réalisée à travers de multiples et diverses violations des normes de la profession, ajout et additions de substances acides et/ou étrangères à la nature du vin, dont certaines sont en plus d'un grand danger pour la santé humaine (c.-à-d. par l'intermédiaire d'additions de sucre de betterave et d'eau, ainsi qu'en détenant et éventuellement en utilisant de l'acide chlorhydrique, sulfurique et phosphorique, qui sont des acides minéraux dangereux puisque toxiques, corrosifs et inflammables… de manière à rendre le produit vineux dangereux pour la santé publique) ».

Quelques heures plus tard, le ministre se plait à minimiser le scandale.

« Selon les précisions des chargés d'enquête, les analyses de laboratoire effectuées sur les échantillons prélevés ont démontré la ternissure simple du produit vineux », et même sera-t-il prétendu que ce faux vin ne servirait qu'aux besoins de l'agriculture. Les éléments contenus dans le décret donnent la chair de poule et confirment à la lettre l'enquête de notre journal ! « Il résulte des actes », insiste l'officier du Ministère Public Buccheri, « que des quantités très importantes, de l'ordre de milliers d'hectolitres, d'un tel produit altéré auraient été envoyées à des caves tierces vraisemblablement pour être commercialisées et mises en bouteilles ; que le fumus des délits est pourtant incontestable, pour les contrefaçons réunies, altérations, en quantités industrielles, d'un produit qui …résultait de toute façon sophistiqué avec les ingrédients saisis précédemment ».

« Quantités industrielles », « acides toxiques » : est la description d'un scandale colossal qui menace la santé de millions de consommateurs. Selon ces accusations le vin altéré pourrait atteindre 700 mille hectolitres, équivalant à 40 millions de bouteilles destinées au marché d'une catégorie moyenne de consommateurs. Il s'agit d'emballages produits par 14 caves dans la période de septembre 2007-février 2008, qui ont commercialisé le vin provenant des établissements incriminés de Massafra.

L'information a vite touché les hauts milieux de la viticulture mondiale réunis malencontreusement en ces jours à l'exposition Vinitaly à Vérone. Il s'agit du salon le plus prestigieux pour tous les vins du monde.

À Bruxelles le commissaire à la santé de l'Union européenne demande illico des éclaircissements à l'Italie.

Pire, cette découverte coïncide avec cet autre scandale de la dioxine des Bufala, mieux connus chez nous comme les vaches à la mozzarella[42] !

---

42 Le fief du ministre, et ce en période électorale !

Le grand discours du ministre à Vinitaly avait comme sujet « Vendemmia sicura ! ». Comme, à ce moment, il ne pouvait plus ignorer le résultat des analyses, il trouva la bonne excuse « Le phénomène est circonscrit, même pas une bouteille n'est allée à l'étranger, il s'agit de vin de modeste qualité non destiné aux marchés étrangers ! » Tous respects pour nos amis italiens auto-sélectionnés pour la piquette toxique !

Quatorze producteurs (vingt, mais seulement au Nord de la botte, selon une autre source)[43] ont subi la répression de la santé publique.

Chefs d'accusations : Transformation de produits alimentaires, vins frelatés. Association de délinquants, etc. !

Résultat : 19 patients décédés, des dizaines de malades.

5.1.2 Deuxièmement : Le méthanol décelé

Le fait survient le 17, mars 1986 quand l'ingestion du produit altéré causa l'empoisonnement et l'intoxication de plusieurs dizaines de personnes et provoqua des dommages personnels gravissimes (cécité, dommages neurologiques) et dans 23 cas, la mort ! Les victimes avaient bu du vin provenant de et produit par les caves de la firme Ciravegna de Narzole dans la province de Cuneo, vin à qui les titulaires avaient ajouté des doses très élevées de méthanol pour augmenter le degré d'alcool, en ignorant la toxicité pour l'organisme. D'autre part le méthanol s'obtient de manière naturelle par la fermentation du raisin, mais une dose excessive peut se révéler mortelle.

L'hospitalisation d'une femme intoxiquée, sauvée mais restée non voyante, permit en 1986 de découvrir que de nombreuses exploitations vinicoles vendaient du « vin » produit avec des mélanges de liquides avec de l'alcool méthylique synthétique, un composé inodore utilisé pour les laques et vernis.

Il y eut une soixantaine d'entreprises impliquées. Ce furent aussi de lourdes répercussions sur le marché du vin italien. En Allemagne même les fournitures italiennes ont été bloquées pendant des semaines à la douane, parce que les autorités allemandes ne se fièrent pas aux contrôles mis en place par des laboratoires italiens. Elles confièrent donc aux analyses de leurs propres instituts des vérifications à l'échantillon tiré des stocks, qui d'autre part correspondaient à 100 % avec les résultats des contrôles effectués en Italie.

---

43 Scandalo del vino al metanolo in Italia. Wikipedia, d'où certaines autres informations concernant les scandales en Italie ont été tirées.

En 1992 se termine le procès de première instance avec des condamnations allant jusqu'à 16 ans de réclusion.

Au sujet des indemnisations pour les victimes du méthanol, actuellement l'association *Victimes du Méthanol* se bat pour la reconnaissance d'une indemnisation pour les familles lésées. Elles n'ont pas encore été reconnues pendant des années.

Quand ces deux incidents eurent lieu, à tout malheur il y a du bon ! Pour les vignerons du Nord de l'Europe et leurs betteraviers. En l'année 2000 la CE publie un Règlement 1622 qui limite la pratique du vinage aux pays du bassin méditerranéen et la chaptalisation pour les vignobles au Nord et coupant la France en deux : les départements du Languedoc-Rousillon, du Bordelais, de la Corse, du Bergerac et du Madiran, les côtes de Provence pour le vinage et la Bourgogne, les côtes du Rhône (en partie) les vins de Macon, et du Beaujolais, la Loire, l'Alsace et la Lorraine etc. pour le sucrage. Dans toute l'Italie la chaptalisation reste un délit, sauf pour une poignée de vins doux et des liqueurs.

5.1.3 Troisièmement : Les buvables

Depuis 2008 une nouvelle investigation pour atteinte à la pureté alimentaire a déplacé la Magistrature en Toscane. Impureté du Roi, le Brunello de Montalcino et aussi des Chianti, les DOC e Garantiti et aussi ceux de la géografica tipica. 42 entreprises ont reçu la visite des inspecteurs œnologues et des Fiamme Gialle – la police fiscale, un ordre militaire avec une minuscule flamme jaune sur la casquette, inoffensive à la vue – ainsi le veut l'euphémisme.

Ces agents auraient découvert des entreprises dans lesquelles des mélanges sont finement dosés, préalablement à l'embouteillage. Les vins en accueil sont présumés Cabernet, Merlot et Syrah, de nature à rendre le Brunello ou les Chianti plus moelleux. Mais à l'exclusion de tout autre produit, toxique ou non.

Il est su que le Brunello de Montalcino, comme des Chianti rares, tous « Denominazione di origine controllata e garantita » sont produits en des quantités restreintes, qui épuisent les stocks des producteurs. (N.B. L'AOC « e garantita » est une mention de super-noblesse qui n'existe ni en France, ni en Allemagne et, bien entendu ni chez nous).

Il est évident que certains de ces élaborateurs rangent dans la catégorie des maisons réputées. Comme chez Don Camillo : « Seigneur, la tentation ! »

Cette histoire a été baptisée Brunello « taroccato » (de tarot – jeu de cartes).

Comme en d'autres cas l'élaboration se serait faite d'une façon plus naturelle par l'ajout de moûts au moût de raisins en fermentation, par ailleurs avant une vinification, mais à l'opposition des autres breuvages sains ou vraiment malsains.

Ces vins sont restés consommables. Le reproche juridique revient au défaut d'avoir précisé en détail la nature du mélange sur l'étiquette.

5.2 *Pas de mains mortes en France*

5.2.1 L'Algérie à Bordeaux

La décade 1970, en viticulture, ne livrait qu'un sujet de conversation. Un sujet qui se renouvelait par des incidents multiples. Une maison réputée « X », fit la Une dans la presse spécialisée et des faits divers dans le journal au petit-déjeuner. La brigade des fraudes avait détecté des coupages douteux, pire des mélanges versés à la main.

Suivirent saisies, analyses, mises en examen, sanctions de I.N.A.O. et des groupements professionnels, de la justice pénale qui prononçait des incarcérations. Une initiative des plus cuisantes venait des restaurateurs, du jour au lendemain ces vins avaient disparu des cartes. Les restaurateurs les plus enragés ne consentirent pas à les écrire à nouveau, mais à éliminer ces vins au moyen d'un stylo feutré.

Ces réactions avaient vite traversé le Rhin et les Alpes. Le Luxembourg n'en fut pas excepté.

En ces temps, quand la maison « X » travaillait pour se refaire un renom, je voyageais le Sud-est asiatique. Dans des restaurants chinois, thaïlandais, indiens, pas chers du tout, tout le Bordelais de « X » y défilait, pas cher du tout.

Les analyses mirent peu de temps pour diagnostiquer le « coupage » en provenance d'un pays qui venait de replanter son vignoble, victime d'un arrachage religieux de Monsieur Ben Bella. Ses successeurs ravis d'avoir trouvé un acheteur en gros, à bas prix, s'entend.

Le directeur financier, condamné sévèrement comme co-auteur, publia vertement ses réminiscences à partir de sa cellule. Et toute l'histoire repartait à nouveau, car les procureurs et juges apprirent des faits piqués de tous les détails, que les audiences ne leur avaient pas permis de révéler.

Ce directeur a pu quitter son séjour forcé prématurément.

La maison s'est refaite une réputation. Vous ne la retrouvez plus dans les places à manger peu chères !

5.2.2 Mains plus radicales en Bourgogne

Le Monde[44] cite le quotidien Le Bien Public. Il racontait les déboires du négociant « Bourgogne Labouré-Roi ». Le 13 juin 2012 deux millions de bouteilles se retrouvent au carcan. Ces bouteilles auraient toutes été écoulées !

Les dirigeants sont mis en examen pour deux chefs – tricherie sur étiquettes, 1,1 million de bouteilles – mélange de vins menant à 500 000 en fausses appellations – peut-être aussi utilisation de fausses médailles. Un paquet consistant pour lancer des responsabilités civiles et pénales contre les fraudeurs, voire à charge de leur entreprise.

Valentine Pasquesoone, l'auteur de l'article au Monde ne se contente pas de relater ces faits. Elle voit la France comme le premier producteur et exportateur européen de vins et effervescents. Elle assure 50 % des exportations mondiales.

L'hexagone se doit de convaincre l'Europe et le monde qu'elle met tous les registres en œuvre pour assurer une parfaite qualité à ses produits.

5.2.3 L'organisation du contrôle

Leitmotif : « Seule la qualité des vins, liée à leur origine et à leur mode d'élaboration, peut faire la différence ».

Pour y aboutir, le chemin est long et scabreux. Ce n'est qu'au dix-neuvième siècle, moyennement, et au vingtième avec plus d'assiduité, que la conscience populaire s'est rendue compte de ce que représente la santé publique. Des unions de consommateurs se forment et les textes fusent de gauche et de droite, de l'O.M.S. de Bruxelles, de Strasbourg et du fabriqué maison.

Tout cet arsenal a valeur pour la nutrition de l'homme. Le code de la consommation s'étend au contrôle des vins. Était-ce une anomalie ou une pure normalité ? Comme la pureté du vin préoccupait déjà les mésopotamiens, les égyptiens, les juifs à Cana, et, il va sans le dire, les grecs et les romains. Sans les italiens, qui ont joué de leurs influences sous les Medici, la France serait-elle au niveau d'une même qualité de ses vins qu'elle ne l'est aujourd'hui ?

Ironie de l'histoire, c'est la France qui a pris les devants. L'Italie des post-Medici se trouve à un point où sa législation est à maints égards une italianisation des textes français.

---

44   Le Monde, 14 juin 2012 et mise à jour du lendemain. « Fraudes sur les vins : comment s'effectuent les contrôles ? » par Valentine Pasquesoone, aussi http://www.bienpublic.com/cote-d-or/2012/06/13/fraudes-sur-les-vins-laboure-roi-dans-la-tourmente.

Dispensez-moi de réciter toutes les lois et les usages locaux, loyaux et constants, cités dans cet ouvrage. Ils planent sur l'entreprise viti-vinicole et son négoce.

Je m'attarde pourtant à l'art. 1587 du code civil, une notion repêchée du droit coutumier d'avant 1804. Aux termes de ce texte le vin et l'huile sont à goûter et à agréer avant l'achat. Le vin étant tasté en fût et agréé, la société Borie-Manoux a commandé aux domaines Landureau 95 000 bouteilles de Château Haut Myles, millésimé 1997. À la suite d'une mise en bouteille trop précoce un expert atteste que la bouteille met en évidence une forte précipitation de bitartrate de potassium. Un fait interdisant la commercialisation. Assignation, refus de livraisons, remboursement et dommages intérêts. Et la Cour de cassation, à propos de l'arrêt de la Cour d'appel de Bordeaux :

« Attendu qu'en statuant ainsi, alors que l'accord sur la chose et le prix intervenu, en matière de vente de vin, après que celui-ci a été goûté et agréé, valait vente, peu important que le vin ait été commandé en vrac ou en bouteille, la cour d'appel, qui n'a pas tiré les conséquences légales de ses constatations, a violé le texte susvisé[45]. »

Conclusion : Malgré tous les procédés au laboratoire le code civil tient au test organoleptique primaire.

5.2.4 La situation actuelle

Le contrôle des vins reste toujours régi par sa loi de base du 1er août 1905, les lois postérieures n'y ont que remédié, dont une version consolidée au 15 juin 2001. Après la naissance de l'I.N.A.O. en 1935, ce grand surveillant sera nanti de la personnalité juridique, qui va lui permettre d'ester en justice contre les récalcitrants. En 1985 apparut la D.G.C.C.R.F. en un français intelligible la « Direction générale de la concurrence, de la consommation et de la répression des fraudes ». À préciser que la surveillance du secteur des vins doit se faire « en fonction des cycles des vignes ».

La D.G.C.C.R.F. dépend de l'Institut national de la recherche agronomique (I.N.R.A.). Son volet « vins et spiritueux » entretient des brigades interrégionales dans les régions viticoles de la France et dans certaines grandes villes et ports maritimes où le négoce fleurit. Elle accomplit annuellement près de 20 000 contrôles dans des chais et grandes distributions, éparpillés sur l'hexagone.

---

45   Arrêt du 21 novembre 2006. Bul. 2006 I n° 512 p. 454.

Quatre missions régissent la D.R.C.C.R.F. Elles sont, plus ou moins pareilles pour les autres pays grands producteurs Italie, Espagne, Portugal, Allemagne et Autriche :

– maîtriser les conditions de production des vins, estimer les stocks, contrôler les entrées et sorties du livre des caves, faire masse des récoltes, du rendement à l'hectare et de la quantité des raisins vinifiés, surveiller l'attribution des mentions de qualité, et chose plus difficile – être au qui-vif des mélanges de vins chers et de boissons courantes, question de rafler des plus-values trichées ;

cette mission se complétant par le devoir délicat et des fois inévitable d'éviter toute suspicion sur des régions renommées. À considérer les quelques exemples que j'ai cités, comment un agent d'une des brigades interrégionales aurait-t-il pu éviter le scandale par prophylaxie ? ;

– contrôler les importations de vins, une tache qui devient de plus en plus ardue, vu les importations d'outre ailleurs de vins sans étiquette notoire, même pour un pays qui regorge de produits vineux, pire pour les pays à productions plus faibles, et là, où le phénomène excelle, la lignée rosé qui peut, par tromperie de l'œil nu, se fabriquer par un savant mélange de vins blancs et rouges, ou encore à la bonne méthode comme en Provence, par la macération savamment étudiée du raisin enrobé rouge ;

– surveiller de manière approfondie certains négociants à la suite d'analyses de risques, et ici l'œnologue se doit d'avoir plus que des notions chimiques, de comptabilité et de marketing, comme nous avons lu au Monde « Les circuits ne manquent pas où l'on vend, souvent fort cher, des produits d'une qualité douteuse, à l'identité parfois incertaine », car selon l'autorité de contrôle 54 % des vérifications réalisées en 2003 l'ont été précisément dans la distribution ;

– exploiter les plaintes des consommateurs, où le guichet juridique ne peut pas manquer. Des plaintes pour un goût du bouchon ne manquent pas, ou à cause d'une toute autre incorrection. Il doit être su qu'il y a des personnes auxquelles l'art de déguster un vin fait radicalement défaut, mais elles aiment clamer leurs commentaires, dirais-je des inanités !

5.2.5 La technique du dépistage

Tout contrôle doit avoir sa méthode. Elles peuvent être multiples, pourvu qu'elles-mêmes restent dans la légalité.

L'identité, la composition et l'origine des vins ne sont plus tributaires du nez et des papilles. Quand même la D.N.C.C.R.F. opère par onze laboratoires équipés des moyens chimiques et physiques les plus sophistiqués. On nous cite la résonance magnétique nucléaire, pour déceler l'ajout du sucre et la spectrométrie de masse qui distingue les cépages ou variétés de vignes, desquelles il en existe 6 000 au monde. L'ADN n'est pas faite uniquement pour convaincre les mauvais garnements, aussi pour déceler les meilleurs crus. Ce système détecte aussi les structures moléculaires, pour trouver s'il y a de l'eau dans le vin – tout comme si cette dernière méthode vaudrait mieux que le goût à la lampée !

Le Centre national de la recherche scientifique (C.N.R.S.) ne pouvait souffrir de rester à l'écart. Dès 2008 il présenta une méthode par laquelle l'ancienneté du vin peut être constatée par l'examen du verre de la bouteille, y compris sa provenance. Par un système dit de la langue électronique quatre cépages jusqu'ici, sont individualisés : le Chardonnay, le Malvoisie, l'Airén et le Macabeu. Un Airén, franchement, je ne l'ai jamais encore rencontré, ni à la grappe, ni au vin.

5.2.6 Des peines

Un récital des peines qu'une personne liée au vin, de son encépagement par la vinification jusqu'à la livraison pour tous les pays limitrophes nous mènerait à une litanie. Une petite dégustation des lois répressives luxembourgeoises suffira comme exemple.

Il vient de soi que les peines prévues par le Code pénal, concernant les infractions de droit commun, s'appliquent également dans le domaine viticole.

Les contrefaçons et falsifications des marques sont prévues par les articles 179 à 192-2 du Code pénal.

À titre d'exemple l'article 184 punit d'un emprisonnement de trois mois à trois ans « *Ceux qui auront contrefait ou falsifié les sceaux, timbres, poinçons ou marques soit d'une autorité quelconque luxembourgeoise, soit d'une personne morale de droit public ou de droit privé* ».

L'article 496 du même code définit l'escroquerie de manière suivante :

« *Quiconque, dans le but de s'approprier une chose appartenant à autrui, se sera fait remettre ou délivrer ou aura tenté de se faire remettre ou délivrer des fonds, meubles, obligations, quittances, décharges, soit en faisant usage de faux noms ou de fausses qualités, soit en employant des manœuvres frauduleuses pour persuader l'existence de fausses entreprises, d'un pouvoir ou d'un crédit imaginaire, pour faire naître l'espérance ou la crainte d'un succès, d'un accident ou de tout autre événement chimérique, ou pour abuser autrement de la confiance ou de la crédulité, sera puni d'un emprisonnement d'un mois à cinq ans et d'une amende de 251 euros à 30 000 euros ».*

Les tromperies sont réprimées par les articles 498 et 499 du Code pénal :

« Sera puni d'un emprisonnement d'un mois à un an et d'une amende de 500 euros à 10 000 euros, ou d'une de ces peines seulement, celui qui aura trompé l'acheteur :

- *Sur l'identité du bien vendu, en livrant frauduleusement un bien autre que l'objet déterminé sur lequel a porté la transaction ;*
- *Sur la nature ou l'origine du bien vendu, en vendant ou en livrant un bien semblable en apparence à celui qu'il a acheté ou qu'il a cru acheter.*

Les dispositions qui précèdent s'appliquent aux biens mobiliers y compris incorporels et immobiliers ».

L'article 499 traite de la quantité des choses vendues dans le sens que *« seront condamnés à un emprisonnement de huit jours à un an et à une amende de 251 euros à 5 000 euros, ou à une de ces peines seulement, ceux qui, par des manœuvres frauduleuses, auront trompé l'acheteur sur la quantité des choses vendues ».*

5.3 *La loi Évin, atermoiements par les juges*

La publicité concernant le vin a été largement influencée et réglementée en France par la loi Évin du 10 janvier 1991.

Cette loi limitait fortement le droit de faire de la publicité pour le tabac et pour les boissons alcoolisées afin de protéger la jeunesse des opérations de marketing.

Actuellement ces restrictions sont fixées par les articles L.3323-1 et suivants du code de la santé publique français.

L'article L3323-2 énumère de façon limitative les cas où la publicité de boissons alcoolisées est encore licite.

L'article L.3323-3 de ce code : « Est considéré comme propagande ou publicité indirecte la propagande ou publicité en faveur d'un organisme, d'une activité, d'un produit ou d'un article autre qu'une boisson alcoolique qui, par son graphisme, sa présentation, l'utilisation d'une dénomination, d'une marque, d'un emblème publicitaire ou d'un autre signe distinctif, rappelle une boisson alcoolique.

Ces dispositions ne sont pas applicables à la propagande ou à la publicité en faveur d'un produit autre qu'une boisson alcoolique qui a été mis sur le marché avant le 1er janvier 1990 par une entreprise juridiquement ou financièrement distincte de toute entreprise qui fabrique, importe ou commercialise une boisson alcoolique ».

La publicité illicite en faveur de boissons alcooliques et plus précisément en faveur de vins, de champagnes et de crémants a donné lieu à de nombreux litiges.

Voici quelques décisions célèbres qui ont marqué le domaine de cette publicité.

5.3.1 Cour de cassation française, 3 novembre 2004 : *« Alcool et sportifs célèbres – à consommer avec modération »*

Par une décision du 3 novembre 2004 la chambre criminelle de la Cour de cassation (Chambre criminelle, n° 04-81.123) se penchait sur la question si une photographie d'un célèbre pilote de course automobile, avec le prénom de Michael, laissant apparaître une appellation de champagne, illustrée par la présence de deux bouteilles de la marque en question, serait une publicité illicite.

Auto-Moto au prétoire :

« Attendu qu'il résulte de l'arrêt confirmatif attaqué qu'en avril 2002, le magazine "Action Auto Moto" a publié une photographie d'un célèbre pilote de course automobile laissant apparaître le nom et le logo de la marque de bière "Foster's", reproduits à plusieurs reprises et en gros caractères, ainsi que l'appellation "Mumm champagne", celle-ci étant également illustrée par la présence de deux bouteilles de cette marque ;

que Paul X... , directeur de la publication du magazine et gérant de l'entreprise de presse, a été cité par l'association nationale de prévention de l'alcoolisme (ANPA) pour publicité illicite en faveur de boissons alcooliques, délit prévu et réprimé par les articles L. 3323-2, L. 3323-3, L. 3323-4 et L. 3351-7 du Code de la santé publique ;

Attendu que, pour entrer en voie de condamnation, l'arrêt relève, par motifs propres et adaptés, que les dispositions précitées, qui constituent une mesure nécessaire à la protection de la santé, proportionnée à l'objectif poursuivi et concernant tant les produits nationaux que les produits importés, ne sont pas contraires à l'article 10 de la Convention européenne des droits de l'homme et relèvent de l'exception prévue par l'article 30 du traité CE ;

que les juges retiennent que la publication de la photographie liti-gieuse, qui rappelle des boissons alcooliques et leur marque, constitue une publicité indirecte ;

qu'ils ajoutent que cette publicité, qui ne fait pas référence au mode de consommation ou aux modalités de vente, n'est pas assortie du mes-sage sanitaire précisant que l'abus d'alcool est dangereux pour la santé et donne une image valorisante des boissons ; qu'enfin, ils constatent que Paul X..., qui a reconnu que la photographie avait été délibérément choisie en vue de sa publication, doit être déclaré auteur principal de l'infraction ;

Attendu qu'en l'état de ces seuls motifs, exempts d'insuffisance, la cour d'appel, qui a caractérisé le délit poursuivi, a justifié sa décision ;

Qu'en effet, on entend par publicité illicite au sens des articles L. 3323 2, L. 3323-3 et L. 3351-7 du Code de la santé publique, tout acte en faveur d'un organisme, d'un service, d'une activité, d'un produit ou d'un article ayant pour effet, quelle qu'en soit la finalité, de rappeler une boisson alcoolique sans satisfaire aux exigences de l'article L. 3323-4 du même code ;

Que, par ailleurs, dès lors qu'en l'absence de mesures communautaires d'harmonisation, il appartient au législateur national de décider du niveau auquel il entend assurer la protection de la santé publique et de la manière dont ce niveau doit être atteint, la cour d'appel, qui a justement apprécié le caractère non discriminatoire et proportionné des dispositions nationales limitant la publicité en faveur des boissons alcooliques, n'avait pas à justi-fier mieux qu'elle ne l'a fait leur application aux faits reprochés au prévenu ;

Qu'il s'ensuit que le moyen, qui en sa première branche critique des motifs erronés mais surabondants, doit être écarté ».

5.3.2 Cour d'appel de Paris, 16 janvier 2008
– « *La nuit est rose* »

La Cour d'appel de Paris traitait en date du 16 janvier 2008 (13e Cham-bre, n° 06/09503) une publicité concernant le champagne qui a été dif-fusée dans un magazine et affichée sur la voie publique. Cette publicité représentait, sur fond noir, une bouteille fermée de champagne entourée de pétales de roses avec comme slogan : « la nuit est rose ». Cette expres-sion était jugée comme non conforme aux prescriptions légales du code de la santé publique dès lors qu'il avait pour objet et pour effet de créer une association d'idées entre la consommation de champagne et le fait de voir la vie en rose, expression qui signifie avoir une approche euphorique de la vie. Cette présentation de la boisson alcoolisée associée à des modes de vie euphoriques et festifs et à l'idée de légèreté était jugée contraire aux prescriptions légales.

5.3.3 Cour de cassation française, 22 mai 2008 – « Jeunesse et délicatesse : des termes incitant à la consommation »

La Cour de cassation en date du 22 mai 2008 (1re Chambre civile, n° 07-14.984), casse un arrêt de la Cour d'appel de Paris du 23 février 2007 (14e Chambre, Section B). La Cour d'appel avait retenu que les termes de « jeunesse » et « délicatesse » étaient des caractères objectivement attribuables au produit « Cabernet d'Anjou ».

La Cour de cassation souligne cependant qu'« attendu que pour rejeter cette demande, l'arrêt retient que la publicité en cause ne comporte aucune mise en scène extérieure au produit, la représentation du vin ne pouvant se faire autrement qu'au travers d'une bouteille ou de verres remplis et les couleurs choisies en rapport avec celle du vin n'impliquant pas de prime abord une référence à la convivialité incitant à la boisson, que le point de savoir si le positionnement de deux verres à pied qui s'entrechoquent évoque le geste de trinquer et appelle à la consommation suppose une appréciation subjective excédant le pouvoir du juge des référés, que ce dernier ne peut non plus, sans appréhender la publicité litigieuse au-delà de son apparence considérer que l'accroche est illicite en ce qu'elle décrit à la fois les caractéristiques du produit et les qualités d'un consommateur auquel le lecteur est appelé à s'identifier, que l'emploi d'une telle formule pour souligner la spécificité de ce vin de Loire, consommable dès son plus jeune âge et l'utilisation du terme "jeune" conforme à l'originalité du Cabernet d'Anjou n'étant pas a priori inadaptés à la promotion du produit, la volonté d'employer cette formule dans le but d'inciter le jeune public à la consommation n'est pas flagrante, que les mots "jeunesse" et "délicatesse" pouvant s'appliquer objectivement aux qualités gustatives du produit, il n'est pas évident que l'utilisation de ces termes pour promouvoir ce vin excède les limites de la publicité autorisée par la loi ;

Qu'en statuant ainsi quand le message de la publicité litigieuse ne se bornait pas en la reprise des caractéristiques objectives et techniques du produit, mais renvoyait sans ambiguïté au comportement humain selon une technique justement qualifiée par le premier juge de "manipulation des affects" et constituait d'évidence une incitation à la consommation de cette boisson alcoolique, de sorte que l'existence du trouble manifestement illicite invoqué était avérée, la cour d'appel a violé les textes susvisés ».

5.3.4 Cour de cassation française, 23 février 2012 – « *Convivialité et publicité* »

Le 23 février 2012 la Cour de cassation (1re Chambre civile, n° 10-17.887) casse un arrêt de la Cour d'appel de Paris du 26 février 2010 (11e Chambre, Pôle 5, n° 07/00620).

Pour la Cour d'appel des affiches représentant divers professionnels de la filière de l'élaboration, de la distribution et de la commercialisation de vins de Bordeaux en les mettant en scène de façon souriante, jeune, en tenue de ville et en levant le bras en tenant un verre avec une impression manifeste de plaisir, ne correspondaient pas à une publicité illicite.

Telle position n'était pas adoptée par la Cour de cassation qui jugeait qu' « en statuant ainsi, alors qu'il résulte de ces constatations que lesdites affiches comportaient des références visuelles étrangères aux seules indications énumérées par l'article L. 3323-4 du code de la santé publique et visaient à promouvoir une image de convivialité associée aux vins de Bordeaux de nature à inciter le consommateur à absorber les produits vantés, la cour d'appel a violé le texte susvisé ».

J'ai décidé de renoncer à tout commentaire personnel, de peur que cet ouvrage ne puisse être vendu en France.

5.4 *La situation au Grand-Duché de Luxembourg*

Vous demandez judicieusement quelle serait donc la situation au Luxembourg, comme l'auteur s'est largement adonné à ce pays. Voici le résumé d'un entretien avec Marc Kuhn, le contrôleur des vins des dernières décades.

La viticulture luxembourgeoise a ceci de particulier que sa population est divisée :

- en des vignerons coopérateurs, tous réunis sous la régie de Vinsmoselle, plus de 60 % de la production ;
- en une centaine de vignerons indépendants ;
- en une dizaine de négociants, en partie exploitants ou acheteurs de raisins, élaborateurs et commerçants, ou seulement négociants tout court ;
- quelques rares maisons sans affiliation.

Sachant encore que le système avec livre de caves, déclarations de vendanges et de stocks, passage systématique par le laboratoire de l'IVV (non pas contrôles à l'occasion ou suite à une plainte), surveillances par le contrôleur à l'improviste, déclaration d'à peu près tout le stock auprès de la Marque nationale, qui continue ses travaux même après le récent changement du régime communautaire, ce tout soumis à des contrôles des douanes en la matière d'accises belgo-luxembourgeoises, il n'est plus laissé de place pour des actes illégaux sur ce minuscule territoire où chacun connaît chacun.

Certes, il a dû dépister certaines incorrections sur les étiquettes.

Des litiges concernant les marques, il n'en a pas eu. Nous avons exposé ailleurs que presque toutes les maisons d'une certaine importance se sont fait enregistrer au bureau Benelux des marques, dont une infime minorité se sont fait enregistrer au niveau international à Genève.

Il y avait des remous quand la super-coopérative Vinsmoselle s'est constituée comme société de droit commercial, car on put arguer que ce nom était trop générique pour appartenir à une entité seule. Les remous sont restés remous.

Même scénario non judiciaire pour une entreprise familiale.

Une saisie de vins étrangers auprès d'une cave est à signaler. L'arrangement fut amiable.

Il est vrai que le contrôleur des vins n'a rencontré aucun cas sérieux pendant la longue époque de son activité. On devrait retourner à des périodes plus reculées pour situer quelques tentatives de tricher.

6. REMBOURSEMENTS ET DOMMAGES INTÉRÊTS, DES CALCULATRICES AU TEMPLE DE THEMIS

« Avoir droit et obtenir son droit » est une maxime. « Avoir droit et recevoir son argent », en est une autre, bien plus fréquente dans la vie des affaires.

Veuillez apprécier ces échantillons :

Cour d'Appel de Colmar, 17 juin 1988 (N° Jurisdata : 1988-047851, Lexis Nexis©). Le prévenu qui met en vente pour l'exportation du vin contenu dans des bouteilles en indiquant faussement leur lieu de l'embouteillage et en utilisant la marque d'un négociant de fantaisie peut être considéré comme ayant sciemment tenté de tromper le cocontractant sur l'origine de cet alcool, il est coupable de tentative de tromperie, dès lors qu'il n'a pas exécuté son projet de vente.

Amende FFR 25 000. Publication dans 3 journaux 30.000. Dommages et intérêts pour atteinte aux intérêts des membres du groupe commercial du fait de la concurrence déloyale, 40.000. Faute d'autres indications dans le jugement nous devons conclure que la Cour de Colmar a jugé ex aequo et bono.

*
* *

Cour d'appel de Nancy, 25 octobre 1989 (Arrêt n° 1929/87 M.R. 3051/88). Appel des consorts **Zanella**, intimé **Bernard Bertillon**, vigneron. Livraison d'un vin de Pommard, millésimé 1976. Expertise unilatérale de l'I.N.R.A. de Beaune : Constatation relative à une « amertume anormale et un dépôt excessif » qui faisait tourner le vin à raison « d'une forte proportion de bactéries lactiques », certaines bouteilles « étant très pétillantes et d'autres inactives ».

Expertise judiciaire largement confirmative de la première, « ... que le vin aurait dû faire l'objet de la part du viticulteur d'un collage plus sévère, avec une colle de gélatine plus puissante que le jaune d'œuf employé par Monsieur Bertillon ; que ce dernier aurait dû pratiquer un filtrage sur plaques stériles pour éliminer toutes bactéries et ajouter de l'anhydride sulfureux ».

La Cour statua à nouveau : Vice caché rédhibitoire, sur base de l'article 1641 du code civil, annulation de la vente, portant sur 564 bouteilles pour FFR 12 182,40, prix indiqué par le vigneron, FFR 21,60, dont remboursement.

S'y ajoutent des dommages et intérêts au montant de FFR 27 500, ex aequo et bono, et FFR 3 000 d'indemnités de procédure.

*
* *

Cour d'appel de Mons, prononcé le 22 janvier 2007 (N° Justel F-20070122-14 : n° du rôle 2005/RG/1043) dans un appel ayant comme appelants la S.A. française **Baron Philippe de Rothschild** et le groupement foncier agricole des vignobles de la **Baronne Philippine de Rothschild**, aussi de droit français, et comme intimés les trois sociétés belges la S.A. **Carrefour Belgium**, la S.A. **Unic Florenville**, la S.A. **Geens Benelux**, la société de droit français société civile d'exploitation agricole **Société Saint Michel les Vignes**, anciennement S.C.A.E. **Domaine du Mouton**.

Rétroactes : La Cour de cassation a cassé, le 6 juin 2005 un arrêt de la Cour d'appel de Bruxelles du 13 septembre 2001 « en tant qu'il dit non fondée la demande fondée sur les articles 13.A.1,b, de la loi uniforme Benelux, tendant à l'interdiction (pour les trois pays du Benelux) d'usage des marques des défenderesses "Domaine du Mouton" et "Enclave du Mouton" sur la base de la prétendue ressemblance avec les marques des demandeurs... ». Renvoi fut fait à la Cour d'appel de Mons.

Cette Cour du renvoi constate que la deuxième appelante est titulaire de plusieurs marques internationales englobant Château Mouton Baron Philippe, Mouton Cadet, Château Mouton Rothschild, Carruades de Mouton, Château Mouton d'Armailhacq, Château Mouton Baronne Philippe, et la première appelante est titulaire de la marque internationale « Mouton Cadet », commercialisée au Benelux.

Ces appelantes ont relevé l'existence des marques : « Domaine du Mouton » dont est titulaire une SCEA française du même nom, « Enclave du Mouton » dont la prénommée est aussi titulaire, et à cette même marque se joint comme titulaire pour le Benelux la S.A. de droit belge Geens Benelux, cette dernière étant encore titulaire des enregistrements pour le Benelux des marques « Domaine du Mouton » et « Enclave du Mouton ».

Une première question soulève l'usage du nom de « Mouton » tout court, sans autre désignation. Aucune marque n'a été enregistrée à ce nom. Si les Rothschild peuvent néanmoins prétendre à un droit exclusif au « Mouton », même si d'autres en font usage avec d'autres combinaisons ? L'arrêt de la Cour de Bruxelles avait décidé qu'à défaut de dépôt ou d'usage «... que la seule appropriation de l'élément « Mouton » ne peut donc être constitutive de contrefaçon... ». La Cour de Mons juge que cet arrêt viole la loi uniforme Benelux, et constate que « la contrefaçon ne peut être limitée à l'hypothèse où la totalité des termes composant la marque complexe à été reproduite ; sa constatation impose seulement de rechercher si l'usage d'une marque ou d'un signe contrefaisant a intégré le ou les termes distinctifs dominants de la marque contrefaite... le mot « Mouton » exerce un caractère particulièrement attractif dans les différentes marques des appelantes (les Rothschild) de sorte qu'il est devenu un mot vedette, un label de qualité propre aux produits des appelantes auquel se rattache la clientèle ».

Revenons à la calculatrice au Temple de Thémis, pour illustrer qu'en Belgique des fois le juge calcule lui-même. Les intimées Carrefour, Unic et Geens avaient acheté aux fins de la revente dans leurs grandes surfaces 7 242 bouteilles « Domaine du Mouton » au prix de FB 76,50 et des achats sporadiques d'« Enclave du Mouton ». Les appelantes ont évalué les lucrum cessans et damnum emergens confondus à € 0,50, faisant € 3 650 pour 7 300 bouteilles.

La Cour de Mons se réfère à l'avis d'un expert commis par le TGI de Bordeaux en 1996, qui conclut : « alors que les marques contrefaisantes s'implantaient sur le marché belge, les sociétés Rothschild, contrairement à ce qu'elles ont écrit, n'ont pas stagnés sur le marché belge, ayant connu une progression annuelle de 5,5 %, plus faible que la période précédente (soit 8 % par an entre 1983 et 1991)... » . Que le préjudice se limite aux vins rouges, alors que les blancs et rosés « ...ne sont habituellement pas reconnus sous l'étiquette Mouton ». Selon la Cour le bénéfice de € 0,50 par bouteille n'étant pas justifié, il est évalué ex aequo et bono à € 2 000.

La troisième intimée a touché sur ses importations de vin « Mouton » une commission de 10 %, dégageant un bénéfice de FFR 800 000, soit € 123 000 suivant l'article 13A,2 de la loi uniforme Benelux (devenue l'article 2.21,2° de la Convention Benelux). À Mons les demandes des appelantes sont jugés « exorbitantes ».

Le calcul dit exorbitant des Rothschild invoque la Convention Benelux suivant laquelle la 4ème intimée a exporté dans le territoire Benelux des produits infectés d'une contrefaçon, soit des vins « Domaine du Mouton » et « Enclave du Mouton », en tout 35 554 hl au prix de FFR 20 977 433. Le bénéfice est déterminé à 133 bouteilles par hl x 1€ = 4 728 682 EUR dont la cession est due par l'effet de ladite Convention Benelux.

La Cour constate que les normes suivantes sont applicables :

1. « le droit exclusif à la marque permet au titulaire de réclamer la réparation de tout dommage qu'il subirait à la suite de l'usage au sens de cette disposition ; »

2. « outre l'action en réparation ou au lieu de celle-ci, le titulaire de la marque peut intenter une action en cessation du bénéfice réalisé à la suite de cet usage ainsi qu'en reddition de comptes à cet égard... »

et elle « estime que la contrefaçon ne résulte pas d'une inadvertance et que l'usage a eu lieu de mauvaise foi... ».

Toutefois la Cour décide qu'il n'y a pas lieu de « faire droit à la demande en cession de bénéfice ». Les faits ne seraient pas le résultat d'un acte de piraterie (recopiage d'étiquettes), mais d'un acte parasitaire dont les répercussions ont été moindres. Ce qui amène à une réparation des moins extrêmes, sujette au fait que l'impact de la contrefaçon ne peut être rigoureusement chiffré, et nous aboutissons à une deuxième évaluation ex aequo et bono à EUR 300 000 et à EUR 10 000 pour indemnités de procédure.

*

* *

Pour terminer ce chapitre des dommages et intérêts veuillez regarder plus près de chez nous, où la Landgericht de Trèves avait à soutirer de l'eau du robinet de vins blancs et rosés de provenance d'Italie.

Comme l'affaire traîne un côté pénal, les coordonnées des parties ne sont pas dévoilées. Le plaignant italien en sort perdant et l'acheteur trévirois empochait les indemnités.

Le fond de la contestation ne prêtait pas à problème, il y avait accord que cet achat-vente soit jugé par application de la convention de Vienne sur les ventes internationales.

L'expertise italienne et celle allemande concordaient. Il était établi que les 6 942 bouteilles 0,75/l de vino da tavola-bianco et les 4 980 de vino da tavola-rosato avaient reçu une douche allant jusqu'à 9 %.

Exprimés en litres on en vient à 5 206 et 3 735 litres, au prix de vente facturé de DM 0,85 par litre, soit 4 425,10 + 3 174,75 = 7 599,85, auxquels s'ajoutent des frais d'enrobage à DM 0,72, soit 8 583,48 et de frais d'avocat de DM 313, (note de l'auteur : fameux !) pour faire un dommage total de DM 16 496,69.

Chapitre 20

Trois « Krunnemëcken » de l'histoire

Les historiographes flanqués d'archéologues, géologues et d'autres savants en « ...ogues » ont acquis la quasi-certitude que l'Arche voguait le long des rives du Caucase vinifère, première terre hospitalière du vignoble. Que fit Noé, le déluge s'étant mis à l'accalmie ?

Rebroussons chemin dans la chrétienté, jusqu'au premier livre de l'Ancien Testament pour apprendre[46] « que finalement, par une belle matinée Noé, regardant par le hublot de l'arche, découvrit un merveilleux spectacle. Un splendide arc en ciel dominait un firmament tout azur. L'embarcation s'était immobilisée au sommet d'une montagne.[47] »

Et Noé de s'exclamer « O Créateur de l'Univers, je Te remercie du fond de mon cœur ! » Le Père Éternel de répondre : « Noé, sors avec ta famille et fais aussi sortir les bêtes .... Elles ne seront plus molestées par des gens d'opprobre. L'arc en ciel que tu vois là, il est mon signe de la paix éternelle ».

Noé était comblé. Il libéra les animaux et s'en allait avec sa femme et ses trois fils Sem, Cham et Japhé pour cultiver la terre et procréer, obéissant à l'ordre divin qu'il avait reçu.

La Bible nous enseigne que Noé plantait des arbres fruitiers, fit germer les semences et que

1. NOÉ CONSTRUISIT UN VIGNOBLE ![48]

Et alors ! Un jour, quand le fruit de la vigne avait mûri et des grappes opulentes s'enflaient de parfums sous le soleil, le jour vint pour les cueillir et vendanger. Noé, en pressant les graines entre ses mains dans un vase, obtint un moût alléchant. Après échauffement la tentation devint irrésistible. Buvant ce noble liquide aux aimables saveurs il ressentit subitement un fluide gaillard et vigoureux parcourir ses veines, le baignant dans une euphorie juvénile. Alors il s'est retranché sous l'ombre d'un grand arbre pour jouir en paix de sa sublime boisson.

L'alcoolémie de l'ancêtre Noé, artisan de notre survie, doit avoir été bien charpentée. Aurait-il autrement été entraîné dans ce profond sommeil, incontrôlé au point que ses trois fils s'en firent une risée, avant de voiler cet endroit où sa pudeur l'avait abandonné ?

---

46 Traduction très libre.
47 Était-ce finalement quand même le mont Ararat en Turquie comme des savants le prétendent ? Tenons-nous ou Caucase, à côté ! L'histoire est si belle et la vigne y a effectivement pris son origine.
48 À cette lecture, tout adepte de la Confrérie de St. CUNIBERT ne sentirait-il pas son cœur batifoler (!!) retrouvant son vin chéri à la genèse du monde, la serpette à l'aurore de nos jours.

Racontars légendaires ou grains de vérités historiques, les messages de la Bible à l'humanité sont de divers ordres :

- la paix est de Dieu, le vin est divin et suit la paix de près ;
- la vinification est biblique, ce qui fut une pratique artisanale est devenu une docte science à haute technicité, quand même le procédé initial soit resté et reste inchangé ;
- avoir un verre dans le nez, n'est pas un péché, Noé ne fût-il pas un Élu du Seigneur ?
- l'adage « à consommer avec modération » n'a-t-il pas été prôné pour la première fois par ses fils l'ayant trouvé en tenue débraillée ?

Terminons, sans nous priver de cette emblématique et ancienne cantate italienne :[49]

> Viva Noé, gran patriarca/
> salvato dall'Arca, sapete il perché/
> Perché fu l'aurore del grato liquore che allegri ci fa,/
>
> Bevevano i nostri padri ? Siiiiiiii !
> Bevevano i nostre madri ? Siiiiiiii !
> E noi che i figli siamo, beviam, beviam, beviamo/

2. LE PLAGIAT DE LA MYTHOLOGIE

La description des influences du vin de grappe sur et dans le corps humain dans les textes de la mythologie grecque ressemble à un transcrit presque fidèle des sensations qui ont envahi père Noé à sa première expérience.

Un beau jour, vers la fin de l'été, Dyonise surgit au milieu des Nymphes qui dansaient. Des Satires en chants et musiques, sur leurs bottes-chèvres, sautillaient autour d'elles. Celui qui allait devenir le Dieu du Vin était assisté du Satire Silène, un bientôt grand consommateur. Jusque-là il s'était nourri sagement des douceurs du miel et des plantes. Les deux se retirèrent ce jour-là, la chaleur devenue trop forte, dans la fraîcheur d'une grotte des environs, dans le seul but de se reposer.

Les yeux balayant les parois et voûtes remarquèrent une grande vigne chargée de grappes aux graines gonflées par l'humidité. Dyonise

---

49 Dans ces narrations je me suis bien volontiers fait inspirer de l'ouvrage de Madame Anna Bellemo « La piacevole storia del VINO attraverso i secoli » (Ed. Vin Veneta, Treviso 1991.)

les cueillit pour les presser dans ses mains dans un large bol. Du liquide moussant ainsi obtenu émanait l'effluve d'un parfum et d'une odeur des plus invitantes. Il savourait la liqueur doucement, dégustant avec volupté la saveur qui le gratifiait. Immédiatement il se sentit plus pimpant et plus d'appoint qu'il ne le fut d'habitude. Il avait subitement compris que la terre lui avait fait don d'une boisson extraordinaire, utile au corps humain. De suite il l'appela « vin ». Les Nymphes, les Satires et toute leur cour buvaient avec lui jusqu'à ce qu'une fantastique frénésie les envoûtait. Des cantiques de joie résonnaient dans les vallées et les bosquets, entrelaçant danses et chants pendant qu'ils ingurgitaient, bol sur bol, ce nouveau et gouleyant nectaire, beaucoup plus agréable que celui qui délecte les Dieux. La tombée des ténèbres mit un terme à la fête effrénée, le voile noir de la nuit les berçait dans un sommeil profond et réconfortant.

Veuillez-vous rappeler les sensations enivrantes que subissait Noé, notre grand père à tous, ainsi que la narration de ses envoûtements ! Peu s'en faut, ces textes sont en jumelage.

3. FALSTAFF EN DIGNE SUCCESSEUR

S'il était vrai que la légende des Dieux grecs aurait fait plagiat, William Shakespeare devrait s'y trouver très près, le faisant à sa façon magistrale dans King Henry IV, partie II, scène II à l'adresse du peu entreprenant John of Lancaster. Écoutez comment il fait s'exclamer Falstaff :

"I would you had but the wit; 't were better than your dukedom.

Good faith, this same young sober-blooded boy does not love me; nor a man cannot make him laugh; but that's no marvel, he drinks no wine.

There's never none of these demure boys come to any proof; for thin drink doth so overcool their blood and making many fish-meals, that they fall into a kind of male green-sickness; and then, when they marry, they get wenches.

They are generally fools and cowards, which some of us should be too but for inflammation.

A good sherries-sack hath a two-fold operation in it.

It ascends me into the brain; dries me there all the foolish and dull and crudy vapors which environ it; makes it apprehensive, quick, forgetive, full of nimble fiery and delectable shapes; which, delivered o'er to the voice, the tongue, which is the birth, becomes excellent wit.

The second property of your excellent sherries is, the warning of the blood; which before, cold and settled, left the liver white and pale, which is the badge of pusillanimity and cowardice: but the sherries warms it and makes it course from the inwards to the parts extreme.

It illumineth the face, which is a beacon, gives warning to all of the rest of this little kingdom, man, to arm ; and then the vital commoners and inland petty spirits muster me all to their captain, the heart, who, great and puffed up with this retinue, doth any deed of courage ; and this value comes of sherries.

So that skill in the weapon is nothing without sack, for that sets it a-work, and learning, a mere hoard of gold kept by a devil till sack commences it and sets it in act and use.

Hereof comes it that Prince Harry is valiant ; for the cold blood he did naturally inherit of his father, he hath, like lean, sterile, and bare land, manured, husbanded, and tilled, with excellent endeavour of drinking good and good store of fertile sherries, that he is become very hot and valiant.

If I had a thousand sons, the first human principle I would teach them should be, to forwear thin potations and to addict themselves to sack."

Tous les diagnostics, magistraux si joliment présentés confirment notre chanson italienne de ci-haut.

Le vin est à boire, il vous balance dans l'allégresse, et la modération ajoute la sagesse.

Table des matières

strada lex

L'accès le plus direct à toute l'information juridique
www.stradalex.com

Je ne suis pas encore abonné à Strada lex et je désire connaître
les conditions qui me permettront de consulter en ligne
les monographies Larcier que j'aurai acquises

☐ Je demande à recevoir le passage d'un délégué de votre maison d'édition
de préférence à l'une des dates suivantes :

_____

_____

- ✓ Lors de son passage, le délégué me fera une démonstration des
  fonctionnalités de Strada lex
- ✓ Lors de son passage, le délégué me communiquera le prix et les
  conditions générales de l'abonnement à Strada lex

Je, soussigné(e),

Nom _____ Prénom _____

Société _____

N° TVA _____

Profession _____

Rue _____ N° _____

CP _____ Localité _____

Adresse e-mail _____

Signature   Date

DROGRALUMP-71432-CDU 3494

Nous vous remercions de compléter le formulaire ci-dessus et de nous le
retourner par courrier, fax ou courriel à l'adresse ou au numéro ci-dessous :

DBIT s.a. département Promoculture-Larcier
Membre du Groupe Larcier
7, rue des 3 Cantons
L-8399 Windhof
info@stradalex.com
www.promoculture-larcier.com